El Manantial

Colección «EL POZO DE SIQUEM»
19

Anthony de Mello, S.J.

EL MANANTIAL

(Ejercicios Espirituales)

Editorial SAL TERRAE
Santander

1.ª edición: Septiembre 1984   (11.000 ejemplares)
2.ª edición: Septiembre 1985   (10.000 ejemplares)
3.ª edición: Octubre 1986   (5.000 ejemplares)
4.ª edición: Junio 1987   (5.000 ejemplares)
5.ª edición: Septiembre 1988   (8.000 ejemplares)
6.ª edición: Octubre 1989   (10.000 ejemplares)
7.ª edición: Junio 1990   (10.000 ejemplares)
8.ª edición: Agosto 1991   (10.000 ejemplares)
9.ª edición: Junio 1992   (10.000 ejemplares)
10.ª edición: Abril 1993   (10.000 ejemplares)
11.ª edición: Mayo 1994   (10.000 ejemplares)

Título del original inglés:
Wellsprings. A Book of Spiritual Exercises
© 1984 by Anthony de Mello, S.J.
Lonavla (India)

Traducción:
Jesús García-Abril, S.J.
© 1984 by Editorial Sal Terrae
Polígono de Raos, Parcela 14-I
39600 Maliaño (Cantabria)

Con las debidas licencias
Impreso en España. Printed in Spain
ISBN: 84-293-0694-3
Dep. Legal: BI-886-94

Impresión y encuadernación:
Grafo, S.A. - Bilbao

A la Compañía de Jesús,

a la que tan orgulloso

y tan indigno

me siento de pertenecer.

Advertencia

A pesar de las frecuentes referencias
a Jesucristo, de quien el autor se declara
discípulo, este libro va dirigido a toda
clase de personas, con independencia de
su afiliación espiritual: religiosas, a-reli-
giosas, agnósticas, ateas…

Indice

SILENCIO

Nota Introductoria

Estos ejercicios poseen una fuerza que no podrá experimentarse si uno se limita a leerlos. Es preciso *hacerlos*. Lo cual puede afirmarse prácticamente de cada frase de cada uno de los ejercicios, porque, muchas veces, lo que parece ser un conjunto de palabras carentes de inspiración cuando uno las lee, sorprendentemente pueden resultar una vía de acceso a la «iluminación» cuando uno las *hace*.

Si se practican en grupo, el animador deberá proceder a leer un ejercicio en voz alta, haciendo frecuentes pausas... Sin embargo, cada miembro del grupo deberá seguir su propio ritmo interior, no el del animador. En otras palabras: deberá sentirse libre para detenerse y quedarse atrás, aun cuando el animador continúe leyendo; libre incluso para ignorar por completo sus palabras, si es que uno se siente agarrado por algo que le atrae y le fuerza a permanecer ahí.

Si uno los hace personalmente, lo mejor es que lea el ejercicio atentamente y, a continuación, dejando el libro aparte, trate de *hacer* todo cuanto recuerde del ejercicio. Si uno acude repetidamente al libro, este mismo hecho será causa de distracciones. No es preciso hacer un ejercicio en su totalidad. Puede escogerse un solo fragmento, bien sea porque no se tiene tiempo para más, bien porque dicho fragmento ofrece tanto fruto que uno no se siente inclinado a pasar a otra cosa.

Es aconsejable realizar un ejercicio repetidas veces, porque en ocasiones la repetición permite acceder a más profundos niveles; otras veces consigue romper la «corteza» exterior de un ejercicio que, cuando se ha intentado hacer por primera vez, ha ofrecido excesiva resistencia y dificultad.

Cuando se está haciendo un ejercicio, personalmente o en grupo, a veces se descubre que el escribir ayuda a estimular la mente, cuando ésta se muestra perezosa, o a centrarla cuando se encuentra dispersa. Pero téngase en cuenta que el escribir no es más que una «rampa de lanzamiento» que hay que abandonar inmediatamente después de haber «despegado».

Antes de comenzar un ejercicio hay que tomarse el tiempo suficiente para cerciorarse de que uno no lo hace exclusivamente para sí mismo, sino en beneficio de la creación, de la que uno forma parte, y que cualquier transformación que uno pueda experimentar redundará en provecho del mundo. Muchas veces quedará uno sorprendido al comprobar la diferencia que puede suponer el adoptar conscientemente esta actitud.

Este libro está ideado para hacer pasar de la mente al sentido, del concepto a la fantasía y al sentimiento; y es de esperar que, al final, permita acceder, a través del sentimiento, la fantasía y el sentido, al Silencio. Ha de usarse, por tanto, como si fuera una escalera para acceder a la azotea. Una vez en ésta, asegúrese uno de haber dejado la escalera, o no podrá ver el cielo.

Cundo el lector haya llegado al Silencio, este libro será su enemigo. Entonces despréndase de él.

REALIDAD

LA CONCLUSION

Me imagino que hoy voy a morir.

Solicito tiempo para estar a solas
y redactar para mis amigos una especie de testamento
en el que los siguientes puntos
podrían constituir otros tantos capítulos:

1. Tales cosas he amado en la vida:
    Cosas que he saboreado...
    contemplado...
    olido...
    escuchado...
    tocado...

2. Tales experiencias he apreciado...

3. Tales conceptos me han ayudado a liberarme...

4. Tales creencias he dejado atrás...

5. De tales convicciones he vivido...

6. Tales son las cosas para las que he vivido...

7. Tales ideas he adquirido en la escuela de la vida:
   ideas acerca de Dios,
   del mundo,
   de la naturaleza humana,
   de Jesucristo,
   del amor,
   de la religión,
   de la oración...

8. Tales riesgos he corrido...
   tales peligros he buscado...

9. Tales sufrimientos me han moldeado...

10. Tales lecciones me ha enseñado la vida...

11. Tales influencias han configurado mi vida (personas, ocupaciones, libros, acontecimientos...)...

12. Tales textos bíblicos han iluminado mi camino...

13. Tales cosas lamento de mi vida...

14. Tales logros he alcanzado...

15. Tales personas llevo en el corazón...

16. Tales deseos no he satisfecho...

Escojo un final para este documento:
un poema (mío o de cualquier otro);
o una oración;
o un dibujo
o una fotografía de una revista;
o un texto bíblico;
o cualquier cosa que me parezca podría ser
una apropiada conclusión a mi testamento.

LA VACACION

Me imagino que me retiro a un lugar solitario
para obsequiarme a mí mismo
con el don de la soledad,
pues es en la soledad cuando veo las cosas como son.

¿Cuáles son las pequeñas cosas de la vida
que la falta de soledad ha agrandado indebidamente?...

¿Cuáles son las cosas realmente grandes
a las que dedico demasiado poco tiempo?...

El de la soledad es el momento de tomar decisiones.
¿Qué decisiones necesito tomar...
o reconsiderar...
en este preciso momento de mi vida?

Tomo ahora una decisión
acerca de cómo va a ser el día de hoy:

¿Será un día de hacer cosas?
Enumero las cosas que realmente quiero hacer hoy...

¿Será también un día consagrado a ser
—sin esforzarme por realizar,
por hacer cosas,
por acumular o poseer,
sino únicamente por *ser*?
Mi vida no dará fruto
si no aprendo el arte del barbecho,
el arte de «perder» el tiempo de manera creativa.

Decido, pues, qué tiempo voy a dar al juego...
a actividades carentes de finalidad e improductivas...
al silencio... a la intimidad... al descanso...
Y me pregunto qué es lo que hoy voy a saborear...
y tocar...
y oler...
y escuchar...
y mirar...

LA EMPRESA

Me imagino que estoy presente
cuando Jesús se encuentra con Pedro por vez primera
y le llama «Roca» *(Jn 1, 40-42).*

De pie a la orilla del lago,
cuando invita a Pedro, Andrés, Santiago y Juan
a ser pescadores de hombres *(Mt 4, 18-22).*

Entro en la casa del recaudador de impuestos
para oír cómo llama a Mateo,
y presencio el efecto que produce *(Mt 9, 9).*

Estoy presente cuando el ángel
le comunica a María su destino *(Lc 1, 26-38).*

Veo cómo el Señor Resucitado
envía en misión a María Magdalena *(Jn 20, 11-18).*

Cuando la voz llama a Pablo,
camino de Damasco,
voy yo mismo viajando con él *(Hech 9, 22.26).*

Contemplo estas escenas
como si tuvieran lugar
no en el pasado,
sino ahora mismo.
No como mero espectador,
sino tomando parte activa,
como si estuviera presente...

Escribo la historia de mi propia vocación
para convertirla en página de la Biblia.
Al igual que cada texto de la Escritura,
cada frase y cada palabra están cargadas de sentido...

Visito a Pedro en su celda, antes de su ejecución.
Pedro recuerda el día en que Jesús le llamó...
las cosas que vio... y aprendió...
y sintió... desde entonces,
— el tipo de trabajo y la clase de vida
que habría tenido si Jesús no le hubiera encontrado
— el contraste entre las realidades de hoy
y las ilusiones de ayer...

Al igual que Pedro,
también yo recuerdo
el día en que Jesús me llamó...

Luego Pedro me explica lo que siente
al pensar que mañana debe morir...

La llamada sigue estando viva.
Cada día me invita a algo que sólo entenderé
después que haya sucedido.
¿A qué fui invitado ayer?

La Voz que habló a Pedro a la orilla del lago
y a María Magdalena junto al sepulcro,
la oigo ahora dirigida a mí
en este preciso instante:
«Ven... Yo voy a enviarte»...
Me parece sentir cómo estas palabras
resuenan una y otra vez en mi interior...

No sé a lo que me llama,
pero reconozco la Voz
y le doy mi respuesta...

LA VENIDA

Los acontecimientos de la historia
no fueron menos dirigidos
para que yo viniera a este mundo
que para que viniera el Salvador.
Tenían que conjugarse el momento oportuno...
el lugar exacto...
y las circunstancias apropiadas...
para que yo pudiera nacer.

Dios escogió a los padres de su Hijo
y les dotó de la personalidad que necesitaban
para recibir al Niño que iba a nacer.
Le hablo a Dios acerca del hombre y la mujer
que él escogió para que fueran mis padres...
y acabo comprendiendo que tenían que ser
la clase de seres humanos que fueron
para que yo pudiera ser
lo que Dios quería que fuera.

Al igual que cualquier otro niño,
el Cristo-niño viene a traer un mensaje al mundo.
¿Qué mensaje he venido yo a traer?...
Busco la ayuda del Señor para expresarlo
en una palabra...
o en una imagen...

Cristo viene a este mundo
a recorrer un determinado camino
y a cumplir un determinado destino.
El cumplió conscientemente
lo que de él había sido «escrito».
Si miro atrás, veo con asombro lo que fue «escrito»
y se ha cumplido hasta ahora en mi propia vida...
y por cada fragmento de ese escrito,
aun el más pequeño,
doy las gracias...
a fin de santificarlo con mi gratitud...

Miro expectante y totalmente entregado
todo cuanto ha de venir...
y, al igual que Cristo,
digo: «Sea. Hágase»...

Por último, evoco el cántico de los ángeles
cuando Cristo nació.
Su cántico hablaba de la paz y la alegría
que dan gloria a Dios.

¿Acaso no escuché yo el cántico de los ángeles
el día que nací?

Miro con alegría
cuanto ha sido realizado a través de mí
para hacer del mundo un mejor lugar...
y me uno a aquellos ángeles en su cántico
para celebrar mi nacimiento.

LA VASIJA

Le pido a Dios una especial clase de cuerpo...
y obtengo precisamente el que ya poseo.
¿Qué ideas y sensaciones tengo yo
acerca de este cuerpo?...

Sabemos de santos que odiaban su cuerpo
o que eran indiferentes hacia él.
¿Cuál es mi actitud?...
¿Dónde y cómo la he adquirido?...

En el proyecto que yo mismo
he esbozado de mi vida,
¿me sirve mi cuerpo de ayuda o de obstáculo?

Si pudiera hablar,
¿qué diría mi cuerpo acerca de ese proyecto?...

Mi relación con mi propio cuerpo
afecta profundamente a mi vida,
para bien o para mal.
El mejor modo de sanar
o de profundizar dicha relación
es el diálogo:

Mi cuerpo debe expresar con sinceridad
sus agravios... y sus miedos...
con respecto a mí.

Y yo debo ser igualmente sincero...

Perseveramos en ello
hasta quedar reconciliados
y comprendernos y amarnos mejor mutuamente...
Luego debemos manifestar explícitamente
lo que mutuamente esperamos el uno del otro...

Y antes de concluir el diálogo
pido a mi cuerpo una palabra de sabiduría...

La Escritura revela la espiritualidad de mi cuerpo.
Afirma que mi cuerpo es templo de Dios,
lugar donde mora el Espíritu.
¿Qué significa esto?...

Dice además que nuestros cuerpos
no son nuestros, sino de Cristo,
de modo que éste puede decir de mí:
«Este es mi cuerpo».
Y me pregunto cuál será
el significado de estas palabras...

Me veo a mí mismo realizando las acciones cotidianas
(comer, lavarme, jugar, dormir...),
consciente de que mi cuerpo es el lugar
donde habita la Divinidad...

O prodigándole los cuidados que merece
el cuerpo de mi Amado...

Por último, le hablo a Dios acerca de mi cuerpo...
y escucho cómo él me habla...

EL MANANTIAL

Busco las fuentes refrescantes,
vivificantes y saludables
que, al igual que mi cuerpo,
necesita mi espíritu constantemente.

Vuelvo de nuevo a sanar
—recupero otra vez mi propio yo—
en la soledad y el *silencio.*

Así pues, trato ahora de silenciar
mis palabras y mis pensamientos
tomando conciencia de los sonidos que me envuelven...
o de las sensaciones de mi cuerpo...
o de mi respiración...

Soy acitivado por el *amor.*

Y así recupero
y revivo
los momentos en que me he sentido amado,
querido y estimado...

Y me veo a mí mismo saliendo de mí
para amar a los amigos...
a los que están necesitados...
y a toda criatura viviente...

Siento que estoy vivo
en los momentos de *creatividad.*

¿Cómo se expresa esto en mi vida?
La paz y la salud las recibo
de mis propias raíces en la *naturaleza.*

Evoco lo que sucede cuando me hallo en armonía
con la tierra y el cielo,
con los montes, los ríos y los mares...
y los múltiples aspectos
y las estaciones de la naturaleza...

Todo lo encuentro en la *oración,*
que es para mí fragancia y alimento,
hogar, escudo y medicina.

Evoco las distintas fases de mi oración:
los momentos de desgarrado clamor...
los días de alborozado agradecimiento...
las épocas de quietud...
presencia...
adoración...

Y recito una plegaria, una canción o un poema
que estimo especialmente,
que deseo recordar toda mi vida
y que querré que pronuncien mis labios cuando muera...

LA LECCION

Dice Jesús: «El Reino es como una semilla de mostaza que un hombre plantó en su campo. La semilla de mostaza es más pequeña que cualquier otra, pero al crecer se hace más grande que las demás plantas del jardín, hasta el punto de convertirse en un árbol lo suficientemente grande para que los pájaros acudan a él y aniden entre sus ramas.»

Sostengo esta diminuta semilla
en el hueco de mi mano...
y contemplo luego el enorme árbol
en que se ha convertido,
lo bastante fuerte para soportar
el peso de los nidos de las aves...

En mi imaginación, paso una y otra vez
de la semilla al árbol...

Luego observo la semilla
en cada fase de su crecimiento...

Por último, me siento frente al enorme árbol
y hablo con él:

Y hablamos, el árbol y yo,
acerca de la *pequeñez*...

Acerca del *desaliento*...

Del arriesgarse en la vida...

Del *cambio,* y de lo que éste implica...

Del dar fruto...

Del servicio...

Y por último,
del poder de Dios en nuestras vidas...

Y concluyo este ejercicio a los pies de Jesús:
Le cuento lo que el árbol de mostaza
me ha enseñado...
y le pido que también él me enseñe...

EL SECRETO

Parto en busca
de la fuente de la felicidad:

Observo minuciosamente la vida
de una persona que es pobre y feliz a la vez...
hablo con ella y trato de descubrir
qué es lo que le hace feliz...

Pienso en una persona alegre,
a pesar de su mala salud...
y del dolor físico...
y vuelvo a dialogar, intentando averiguar
qué es lo que le hace estar alegre...

Y hago lo mismo con una persona feliz
a pesar de haber perdido
su reputación...

Entro en una prisión...
y quedo asombrado al encontrar también allí
a una persona feliz...
Y le pregunto cómo lo consigue...

Luego observo a personas infelices
a pesar de ser libres...
ricas...
poderosas...
respetables...
Converso con ellas y,
mientras me hablan,
escucho con atención sus quejas...

Ayer tuve ocasiones,
de las que ni siquiera fui consciente,
de ser feliz.
Ahora lo veo...

Es inconcebible que alguien
pueda estar agradecido y ser infeliz.
Le agradezco al Señor todo lo acaecido ayer...
y compruebo el efecto que ello produce en mí...

En cuanto a las cosas que yo llamo
desagradables, indeseables,
trato de descubrir el bien que de ellas proviene...
las semillas de crecimiento que conllevan...
y encuentro motivos
para estar también agradecido a ellas...

Por último, me veo a mí mismo
viviendo cada instante del día de hoy
con agradecimiento...
y felicidad...

EL CENTRO

Me imagino que entro en un lugar desierto...
Empleo algún tiempo en explorar el entorno...
y paso después a contemplar mi vida:

Observo con cuánta frecuencia
salgo precipitadamente de mí mismo
—hacia las personas, ocupaciones,
lugares, cosas—
en busca de fuerzas, de paz y de sentido,
olvidando que la fuente de todo
se halla dentro de mi corazón.
Es ahí donde debo buscar:

Toda persona es portadora de pensamientos
que poseen la virtud de proporcionarle
paz al instante.
Busco los míos...

Y busco también los pensamientos
que me ayudan a afrontar los desafíos de la vida
con energía y valor...

¿Cuáles son los pensamientos que hacen de mí
una persona afectuosa y apacible...,
que exorcizan en mi corazón el odio y la ira?...

¿Qué pensamientos cargan de sentido mi vida...
me producen contento...
me dan alegría...
me impulsan a servir?...

Antes de dejar el desierto,
recuerdo la existencia de otra fuente interior
que no precisa la ayuda de pensamiento alguno
para darme cuanto necesito.

Trato de alcanzarla indirectamente,
imaginando una cueva dentro de mi corazón
bañada de luz...
A medida que entro, la luz invade mi cuerpo...
Puedo sentir cómo sus rayos crean...
activan... caldean... y sanan...

De modo que me siento dentro de la cueva
en silenciosa adoración...
mientras la luz penetra
por cada uno de mis poros...

LA BIBLIA

Tomo conciencia de mi respiración...
o de otras sensaciones en mi cuerpo...
porque ello me proporciona silencio
—y la palabra reveladora de Dios
sólo se entiende en el silencio.

Examino la Naturaleza que me rodea:
los árboles, las aves, los animales,
el cielo y la madre tierra...
Pienso en los cambiantes aspectos de la naturaleza:
en el frescor de la mañana...
en el calor de la tarde...
en la puesta del sol...
y en la noche cerrada...
La veo especialmente en su constante movimiento:
el continuo ciclo de las estaciones...
el nacimiento y el ocaso de la vida y la muerte...
su belleza y su violencia...

Y pregunto:
«¿Qué tratas de decirme, Señor,
a través de la naturaleza?
¿Qué mensaje intentas transmitirme
mientras la observo ahora?»...

Me quedo esperando la respuesta de Dios...
Puede llegarme por medio de una palabra,
una frase o una imagen...
o por medio de un silencio
capaz de instruir a mi corazón
mejor que todas las palabras...

Si la respuesta no llega,
pido a los árboles que me informen,
o a las aves, o a las estrellas,
o a los ríos —a cualquier
elemento de la Naturaleza
que pueda tener a la vista...

Considero la historia humana
—lo que recuerde de ella,
desde la edad de piedra hasta nuestros días...
el auge y la decadencia
de naciones y culturas...
la paz y la guerra...
la buena y la mala gente...

Y mientras observo,
sigo esperando que su Palabra
me hable en el silencio...

A través de cada una
de las personas con las que vivo,
Dios irrumpe en mi vida...
¿Qué es lo que hace...
lo que dice...
a través de ellas?...

Tengo especial cuidado en no apresurarme
a expresarlo con palabras.
Aguardo a que me sea «dado»
— con el lenguaje o con el silencio...

Hago lo mismo con las cosas
que acontecen en la vida:
acontecimientos que pueden ser
alegres o dolorosos,
excepcionales o vulgarmente cotidianos...

El número de ellos es excesivo.
Podría optar por fijarme únicamente
en lo sucedido ayer...
u hoy...
pues desde que desperté
—e incluso mientras dormía—
Dios no ha dejado nunca de actuar
y de revelar...

Así pues, sigo buscando,
esperando que mis ojos puedan ver
y mi corazón pueda entender...

O le pido al propio acontecimiento
que me hable
y me ayude a comprender...

Antes de concluir le pido al Señor
que se digne iluminarme
para poder siempre comprender
las escrituras que aún hoy
sigue él escribiendo
—mi propia vida
y cada una de las cosas en torno a mí...

EL DESCONOCIDO

Cuando vino el Mesías,
los suyos no acertaron a verlo.
Pero sigue estando presente.
¿Cuándo lo he visto por última vez?

Pienso en las demostraciones de amor
que he dado... y recibido...
En unos casos y en otros,
Dios ha vuelto a encarnarse una vez más.

Cada vez que el conocimiento me ha liberado
y me ha emancipado...
la Palabra de Dios se revelaba de nuevo.

La ardiente mirada del Profeta
ha puesto al descubierto nuestro pecado
cada vez que mi corazón se ha enardecido
frente a la opresión y la injusticia...
cada vez que mis secretas profundidades
se han iluminado por un instante
y mis defensas han quedado desguarnecidas...

Siempre que he experimentado
algún alivio interior...
era Cristo quien llegaba a mí y me tocaba.

Y cuando he sentido frustración,
oscuridad, dolor,...
era él quien luchaba en su pasión.

La inspiración que he sentido
al escuchar hablar a alguien,
o al leer un libro,
o al ver una película...
era la llamada del Maestro
a ser discípulo.

Y en el silencio de mi oración...
¿no estaba el Sumo Sacerdote
realizando la unión de Dios conmigo?

Escudriño el pasado reciente
tratando de identificar
esos momentos llenos de gracia...
y le pido que se digne venir hoy de nuevo...

Luego imagino que Dios me unge como mesías...
y me veo desempeñando este papel
en cada uno de los acontecimientos
que hoy han de tener lugar...

EL ABSOLUTO

Dice Dios: «Dame tu corazón»...
Y luego, en respuesta a mi perplejidad,
le oigo decir:
«Donde está tu tesoro,
allí está tu corazón».
Mis tesoros... Helos aquí:
personas...
lugares...
ocupaciones...
cosas...
experiencias del pasado...
esperanzas y sueños del futuro...

Tomo cada uno de esos tesoros,
le digo unas palabras
y lo pongo en presencia del Señor...

¿De qué modo le voy a «dar» dichos tesoros?

Mientras mi corazón descanse
en pasados tesoros,
estaré fosilizado y muerto,
pues la vida está sólo en el presente.
Así pues, me desprendo

de cada uno de esos pasados tesoros,
de esos dorados «ayeres».
Y a cada uno le explico que,
aunque le estoy sumamente agradecido
por haber entrado en mi vida,
ahora debe salir de ella...
de lo contrario, mi corazón
no aprenderá jamás a amar el presente...

Pero mi corazón también está en el futuro.
Sus angustiados temores
por lo que habrá de ser el mañana
consumen mucha de la energía necesaria
para vivir plenamente lo que es el hoy.
Hago una lista de esos temores...
y a cada uno le digo:
«Hágase la voluntad de Dios»,...
observando el efecto que ello produce en mí,...
sabiendo en el fondo de mi alma
que Dios únicamente puede desear mi bien...

Tengo puesto el corazón en mis sueños,
en mis ideales, en mis esperanzas...
que me hacen vivir una ficción futura.
Y a todos ellos les digo:
«Hágase la voluntad de Dios,...
que él disponga de vosotros como juzgue oportuno»...

Tras haber rescatado la parte de mi corazón
que estaba presa del futuro y del pasado,
examino ahora mis tesoros presentes:

Y a cada una de las personas amadas
le digo con ternura:
«Eres muy querida para mí,
pero no eres mi vida.
Tengo una vida que vivir,
un destino que buscar
y que es distinto de ti»...

Y les digo a los lugares... y a las cosas...
a las que estoy atado:
«Os quiero mucho, pero no sois mi vida.
Mi vida y mi destino son distintos de vosotros».

Les digo esto a las cosas
que parecen ser parte integrante de mi propio ser:
mi salud...
mis ideologías...
mi buen nombre, mi reputación...
Y le digo incluso a mi vida,
que un día deberá sucumbir ante la muerte:
«Eres deseable y maravillosa,
pero no eres mi vida.
Mi vida y mi destino son distintos de ti».

Al final me quedo solo ante el Señor.
A él le doy mi corazón,
diciendo: «Tú, Señor, eres mi vida.
Tú eres mi destino».

EL NOMADA

Dice Jesús: «Es preciso nacer de nuevo
para ver el Reino de Dios».
Para entenderlo mejor
examino dos mundos distitnos:

Contemplo el oscuro mundo de un feto...
y luego observo la vida de una persona enamorada...

Contemplo el dolor del sufrimiento humano...
y luego lo acogedor del seno materno...

Me limito a mirar, sin reflexionar,
porque la sola visión de ambas cosas
basta para instruir a mi corazón.

Veo el mundo que el feto no puede aún conocer:
el esplendor de una puesta de sol...
la suavidad de la noche...
la imponente majestad del océano...

Luego mi mente se desborda
imaginando escenas de alegría...
y de dolor...
y de miedo...
y de paz...
y de muerte...
y de violencia...
cada una de las cuales contrasta
con la tranquilidad del seno materno...

En mi interior toma forma una pregunta:
Puestos a escoger, ¿que escogería:
los constantes altibajos de la vida
o el cómodo bienestar del seno materno?
Mi respuesta dirá si tengo
lo que hace falta para nacer de nuevo.

Para nacer de nuevo no puedo hacer más
que cuando nací por primera vez.
Pero sí hay dos cosas que puedo hacer:

Primera: puedo procurarme
el sustento que necesito:
un niño nacido antes de estar
debidamente formado, perecerá.
He de mantenerme en contacto con las cosas...
lugares...
ocupaciones...
personas...
que me proporcionan alegría, amor y belleza.
Ahora bebo a placer en esas fuentes
con agradecimiento,
sin culpabilidad...

Segunda: puedo preservar celosamente
mi libertad y mi autonomía:
he de aprender a sentir predilección
por aquellas fuentes de las que bebo,
pero sin estancarme en ellas;
a disfrutar sin tratar de poseer;
a buscar sustento sin echar raíces.
Porque debo estar siempre en condiciones
de mudar cuando llegue el momento
de nacer de nuevo.

Y en este punto hago frente
de manera rotunda a mis miedos,
porque es el miedo el que mata mi libertad
y hace que me aferre...
Me aferro a la compañía humana,
porque tengo miedo de la soledad...
Me aferro a la popularidad
y tengo miedo de ofender...
Me aferro a los amigos y a la familia,
porque me da miedo ser rechazado...
Me aferro a la autoridad,
porque me da miedo ser independiente...
Me aferro a la seguridad
de las creencias tradicionales
y me horroriza verlas cuestionadas...
Me aferro, en fin, a lo conocido,
a lo familiar y a lo añejo,
porque temo renacer:
temo trasladarme a un mundo nuevo,
desconocido y desacostumbrado.

Pienso cómo voy a beber hoy del amor...
y de la alegría...
y de la paz...
y del deleite...

Y pienso también cómo voy a buscar
la autonomía y la libertad:
los riesgos que me atreveré a afrontar...
las incomodidades que habré de soportar...
los cambios que estaré dispuesto a aceptar
como preparación remota
para el día en que habré de renacer
a un distinto y más anchuroso Mundo.

LA ESTRELLA DEL OCEANO

Contemplo las bodas de Caná
y me sumo al regocijo...
Veo cómo también se suma María...
Observo su alegría...
su solicitud...
y el influjo que parece
ejercer sobre Jesús *(Jn 2, 1-11)*

Acudo en espíritu a Lourdes
y respiro su atmósfera de oración...

Me uno a la multitud en la piscina milagrosa...
en la gruta de las apariciones...
en la bendición de los enfermos...
en la procesión de las antorchas...

Escudriño los corazones
de las personas que allí encuentro:
su estado de ánimo...
sus esperanzas...
su actitud hacia la Madre del Salvador...

Luego decido si, al igual que ellos,
también yo seré devoto y peregrino...
¿Qué hago ahora?

Viajo, con la imaginación,
a todos los santuarios
y lugares de peregrinación
a los que la gente acude
a pedir la intercesión de María...
y pienso lo que ella llegó a significar
y a simbolizar
para el discípulo del Señor.

Luego entro en lo más profundo de mí mismo
para dar culto en el templo de mi corazón...
Me quedo, descalzo y en postura reverente,
en el centro de ese sagrado lugar...
y decido si habré de construir allí
un altar a María.

Si me determino a hacerlo,
me pregunto qué función deseo
que desempeñe ella en mi vida...
qué zonas de ésta voy a poner bajo su protección...
qué forma de culto voy a ofrecerle...

Busco una palabra o una frase que inscribir
en ese altar que he construido para ella...

O escojo estas palabras
que han pronunciado infinitos labios:
«Madre de misericordia,
mi vida,
mi dulzura
y mi esperanza».

RESTAURACION

LA REVOLUCION

«¡Arrepentíos y creed la Buena Nueva!», es el *leit-motiv*
de Jesús al comenzar su ministerio público. Acompaño a este
prometedor y joven Profeta en su gira por ciudades y aldeas
para anunciar la Buena Nueva... y observo el entusiasmo y
la hostilidad que al mismo tiempo engendran sus palabras
y sus hechos...

Asisto a su predicación...
Presencio la reacción
que sus palabras parecen provocar
en los corazones de quienes lo escuchan...
y en mi propio corazón...

Cuando ha terminado de hablar,
alguien de entre la multitud pregunta
qué significa «arrepentimiento»...
otro quiere saber
cuál es el significado de la Buena Nueva...
Y yo escucho sus respuestas...

Un día, a solas con Jesús,
me siento a la sombra de un árbol a mediodía...
o en la casa de un amigo, por la noche...
Jesús me invita a resumir la Buena Nueva
en tres o cuatro frases.
Dichas frases deben encerrar una noticia
que ponga fin al miedo y proporcione regocijo:
una noticia tan increíblemente «buena»
que resulta casi imposible de «creer»...

Luego, sentado aún allí con Jesús,
hablo de la palabra «Arrepentimiento»:
la revolución,
el cambio total y absoluto de corazón y mente...

Me imagino a Jesús imponiéndome sus manos
para llevar a cabo esta transformación...

Luego parto
y me dirijo hacia el día que tengo ante mí,
con el corazón y la mente transformados...
observando la diferencia que esto ha producido
en mi conducta...
y en mis sentimientos...

Compruebo la diferencia cuando rezo...
o cuando pienso en la muerte...
o leo una revista...
o miro al cielo, a las nubes, a los árboles...

LA OSCURIDAD

Me considero una persona sencillamente buena, de buen
corazón y respetable, con mis pequeños pecados y defectos,
...hasta que caigo en la cuenta de que incluso los mayores
pecadores pueden perfectamente alegar ignorancia.

Observo el bienintencionado daño
que el «amor» ocasiona a los niños indefensos...

Observo las marcas de la crueldad
en personas fervientemente religiosas...

Observo cómo los imparciales fariseos
enjuician las pruebas contra Jesús
y consideran su deber el acabar con él...

Me aterra la posibilidad
de padecer la misma enfermedad
de los sumos sacerdotes y los fariseos:

Estaban tan seguros de sí mismos,
tan convencidos de tener razón,
tan reacios a admitir otros puntos de vista
y a cambiar...
Pienso en personas parecidas que conozco...
Y luego pienso en mí...

Los fariseos eran propensos a juzgar.
Para ellos, las personas eran buenas o malas.
Nunca había nada de bueno en alguien
a quien ellos prejuzgaran como malo...
Pienso en otras personas que parecen ser así...
Pienso en mí mismo...
Hago una lista de personas «malas» que conozco
y me pregunto si en el fondo no serán
mucho mejores que yo...

Los fariseos pertenecían
a la clase dirigente.
Les horrorizaba la idea
de que se perturbara el equilibrio...
Pienso en mí...

Los fariseos amaban el poder.
Por tu propio bien
querían obligarte a ser bueno.
No podían permitirte ser libre...
Vuelvo a pensar en mí...

Por fin el fariseo estuvo conforme.
Tenía delante de él al acusado,
al que no veía como culpable;
pero carecía de la santa audacia
de hacer frente a sus iguales
y hablar con franqueza...
Pienso, con verdadero pesar,
en el miedo que tengo a ofender,
a discrepar,
en mi necesidad de agradar...

No soy mucho mejor
que los que asesinaron al Salvador.
Todo lo que puedo decir es:
«Señor, soy un pecador.
Ten piedad de mí...»

Y escucho su apacible respuesta:
«Tú eres de gran valor para mí, hijo mío».
¿Qué querrá decir con esto...?

Trato de ver con sus propios ojos
con el fin de averiguar
qué es lo que ve en mí para que,
a pesar de conocer mi maldad, afirme:
«Tú eres de gran valor para mí»...

Y con esos mismos ojos miro a los «pecadores»,
a los Hitlers y Stalins de nuestro tiempo...

Miro a las personas que me desagradan...
a las que rechazo...

Tal vez necesite aquellos ojos suyos
que me llenen de compasión
y me salven del fariseo que hay en mí.

LA ILUMINACION

Cuando trato de cambiar
lo que hay en mí de desagradable
luchando contra ello,
lo único que consigo es ocultarlo.
Si lo acepto,
saldrá a la superficie y se evaporará.
Si intento resistirme a ello,
seguirá perviviendo obstinadamente.

Medito en el ejemplo de Jesús, que se impone a sí mismo
la tarea de mover montañas y librar combate con exasperan-
tes enemigos. Sin embargo, y a pesar de su enojo, no deja
de amar, combinando un profundo deseo de cambio con una
aceptación de la realidad tal como es...

Trato de parecerme a él.
Y comienzo con los sentimientos
que me desagradan...
Le hablo a cada uno de ellos
con cariño y aceptación...
y escucho lo que cada uno de ellos
tiene que decir...
hasta que descubro que,
aunque puede hacerme daño,
también me hace bien...
que su existencia tiene una finalidad benigna
que ahora trato de descubrir...

Prosigo con el diálogo
hasta lograr sentir una verdadera aceptación
de dichos sentimientos
—aceptación, no aprobación ni resignación...—,
de manera que ya no me siento
deprimido por mis depresiones,
o enojado por mi enojo,
o desanimado por causa de mi desánimo,
o atemorizado por mis temores,
o rechazando mis sentimientos de rechazo...
Ahora puedo vivir en paz con ellos,
porque he visto
que Dios puede emplearlos para mi bien...

Y hago lo mismo con algunas
de las otras muchas cosas de mi vida
que deseo cambiar:

Las limitaciones de mi cuerpo...

Mis defectos personales...

Las circunstancias externas de mi vida...

Los acontecimientos del pasado...

Las personas con las que vivo...

El mundo entero, tal como es...

La vejez, la enfermedad, la muerte...

Hablo con todas estas cosas con amor
y con la conciencia de que, de algún modo,
encajan en el plan de Dios...

Y al hacerlo así, experimento una transformación:
Aunque todo lo que me concierne
sigue siendo lo mismo
—el mundo, mi familia, mis sensaciones,
mi cuerpo, mis neurosis—,
yo ya no soy el mismo.
Ahora puedo amar
y aceptar mejor lo que es indeseable.
Y también con más paz, porque he logrado ver
que la violencia no puede ocasionar
un cambio duradero,
sino sólo el amor y la comprensión.

LA REVELACION

Me imagino estar en la presencia de Cristo
y me expongo a ella en silencio,
porque tal presencia cura...
crea...
alienta...

Le pido ahora que me dé
una lista lo más completa posible
de todo cuanto de defectuoso encuentra en mí:
cualquier indicio de egoísmo...
cualquier aspecto en el que aún deba yo crecer...
cualquier cosa en la que yo necesite cambiar...

      Y mientras él habla,
      tomo nota mentalmente de lo que dice,
      e incluso lo pongo por escrito
      si pienso que ello me va a ayudar.

Luego le pregunto cuál de esos defectos,
en su opinión,
requiere una más urgente atención.

      Me ensimismo durante unos segundos
      e imagino que él me habla...
      y me cercioro de ser sensible al hecho
      de que lo que él diga
      puede ser totalmente inesperado...

Miro hacia dentro de mí
para ver si estoy decidido
a remediar determinado defecto...
Y si no lo estoy,
entonces considero que es esta falta de voluntad
lo primero que debo solucionar.

A continuación, abordo el elemento
más esencial a todo cambio:
Antes de dar un solo paso,
es imprescindible que escuche
cómo Cristo me dirige estas palabras:
«Por lo que se refiere a mi amor por ti,
no importa que cambies o dejes de cambiar,
pues mi amor por ti es incondicional»...

Compruebo ahora cómo me inunda
el poder de Cristo...
e imagino sentirme fuerte
allí donde anteriormente era medroso...
sosegado, allí donde antes estaba tenso...
dinámico, allí donde antes era abúlico...

Me veo a mí mismo transcurriendo la jornada
(o en una situación que requiera este nuevo poder)
dotado de esta fuerza recibida de Cristo.

Por último, permanezco en su amorosa presencia
en actitud de adoración agradecida...

EL SATELITE

Considero atentamente la naturaleza y reflexiono acerca de
la existencia en ella de una fuerza tan silenciosa e invisible
que los seres humanos no la han advertido hasta hace bien
poco; y sin embargo, es tan poderosa que el mundo se mueve
gracias a ella: la fuerza de la gravedad.

Gracias a ella, el ave vuela en el cielo,
las montañas están firmes en su sitio,
las hojas caen al suelo,
los planetas se mantienen en órbita...

No hay mejor símbolo del poder
y la presencia de Dios:

Escenas de dolor atraviesan veloces mi mente:
cámaras de tortura...
campos de concentración...
los estragos producidos por el hambre...
escenas de guerra...
de hospitales...
y de accidentes...
Y en ellas le veo a él,
tan silencioso e invisible como la gravedad...

Evoco mil escenas de dolor
de la historia de mi vida:
momentos de hastío y de frustración...
de dolor, de angustia y de rechazo...
de absurdo y desesperación...
Y en cada escena siento su presencia silenciosa...

Descubro su poder, como la gravedad,
en cada rincón y escondrijo del mundo:
no hay lugar en el espacio...
ni instante en el tiempo...
que escape a él, pues todo lo invade...

Luego veo cómo su amor
es semejante a la gravedad:
Escucho la exclamación de Pablo de que
ninguna cosa creada puede separarnos
del amor de Dios *(Rom 8, 31-39)*...

Recuerdo con emoción
las veces que he resistido a su amor...
en vano, ¡porque el Amor es irresistible!

Veo cómo Dios nunca ha dejado
de atraer a mi corazón...
Una atracción que, como la de la gravedad,
no se dejaba sentir.
Pero en algunos dichosos momentos
que ahora rememoro con deleite...
el «tirón» no podía pasarse por alto.

¿Cuándo he sentido el tirón por última vez?
¿No fue ayer? ¿Por qué no?...

Y acabo abandonándome,
sucumbiendo a este poder de la Divinidad,
lo mismo que mi cuerpo a la gravedad...

EL HALLAZGO

Dice Jesús: «Os diré cómo es el Reino: es semejante a un tesoro escondido en el campo que, al encontrarlo un hombre, lo vuelve a esconder y, por la alegría que le da, va, vende todo lo que tiene y compra el campo aquel».

Yo poseo un tesoro
que es lo que más estimo en la vida.
Revivo de nuevo los hechos
que me permitieron descubrirlo...

Pienso en la historia de mi vida
desde que hallé dicho tesoro...
lo que éste ha hecho...
y ha significado para mí...

Me sitúo ante dicho tesoro
(Dios, o Jesucristo,
o una convicción, un valor, un ideal,
o una persona, una tarea, una misión...)
y digo: «De todo cuanto poseo,
tú eres lo que más quiero».
Y veo lo que me ocurre
cuando pronuncio estas palabras...

Pienso en lo mucho que con gusto haría...
o daría... (tal vez hasta la propia vida)
para conservar este tesoro.
Y si no es así de importante, lo reconozco con tristeza... y
espero que llegue un día en el que habré de hallar un tesoro
por el que esté dispuesto a renunciar a todo con absoluta
alegría...

Yo soy un tesoro.
Algún día, en algún lugar, alguien me descubrió.
No tendría yo conciencia de mi valor
si alguien no lo hubiera descubierto.
Recuerdo y revivo los detalles del hallazgo...

Soy un tesoro polifacético.
Había muchas cosas ocultas en mí
que diferentes personas sacaron a la luz
y me las revelaron.
Las examino todas ellas gozosamente...
y recuerdo con agradecimiento
a las personas que las desvelaron...

Por último, me pongo delante del Señor
y, para mi sorpresa, descubro
que él me considera un tesoro...
Veo reflejadas en sus ojos
las múltiples facetas hermosas
que sólo él podía haber observado en mí...
y descanso en el amor que él me da...

EL CORAZON

Imagino que entro de noche en una iglesia
para adorar el Santísimo Sacramento...
Las velas del altar
son la única fuente de luz...
Clavo mis ojos en la sagrada forma
cuya blanca claridad destaca
en medio de la oscuridad...

La sagrada forma es como un imán
que atrae mis ojos y todo mi ser
hacia sí, como el verdadero Centro...
La mayor parte de las veces
suelo fijarme en la superficie exterior,
pero ahora miro al corazón mismo de las cosas,
al centro de mi ser y del mundo...

Mientras sigo mirando la sagrada forma,
un espeso silencio cae sobre mí...
Todo pensar se detiene y se esfuma...
El silencio de la sagrada forma
parece infiltrarse en mi cuerpo
y, desde él, difundirse por todo el templo...
de modo que en mi interior
y alrededor de mí
todo se aquieta.

Luego, mientras no dejo de mirar,
la sagrada forma comienza a despedir
rayos de luz que penetran en mí...
y yo siento agradecimiento,
pues sé que van a anegar
mi mente y mi inconsciente,
limpiándome de todo egocentrismo
y de toda maldad, codicia y temor...

Y mientras la oscuridad del templo
permanece inmutable,
la de mi corazón es ahuyentada
y todo mi ser se hace transparente...

Los rayos traen ahora consigo una nueva energía
que penetra en mi cuerpo
y fortalece mi espíritu
para que pueda arrostrar los desafíos de la vida...

Y con dicha energía me invade un fuego...
que purifica mi corazón
del odio, la amargura y el resentimiento...
y me hace capaz de amar...

De modo que expongo ávidamente mi corazón
a este sol vivificante
que refulge en el centro mismo
del oscuro y silencioso templo...

EL DESIERTO

Miro a Jesús en su agonía
la noche antes de morir...

Me pongo muy cerca de él
y observo cómo tiende la mano
pidiendo ayuda de los hombres...
pero ahora nadie puede ayudarle,
porque está totalmente solo frente a la muerte...

Comparo todo esto con el calor
y la intimidad del cenáculo,
donde ha estado hace bien poco...

Y mientras contemplo, me doy cuenta de que,
en definitiva, el hombre
sólo llegará a un acuerdo con Dios,
con el destino y consigo mismo
cuando se atreva a buscar la soledad...

Trato de experimentar
lo que significa estar solo:

Me encuentro viviendo en un desierto:
sin libros... sin ocupación...
sin sonido alguno de voz humana...
durante un día... una semana... meses...
Observo cómo reacciono
cuando sólo dependo de mis propios recursos...
cuando he sido despojado
de aquello de lo que suelo servirme
para salir de mí mismo:
el trabajo y la compañía humana...

Luego me veo a mí mismo
en la solitaria celda de una prisión:
paredes insonorizadas, un espacio angosto,
la débil luz de una bombilla día y noche...
sin jamás vislumbrar un rostro humano...
ni cosa viviente alguna...
ni el sol ni el cielo...
Sin escuchar nunca el sonido
de una voz humana o de la Naturaleza...
durante semanas... durante meses sin fin...
sin saber cuándo acabará todo...

Al final... he entrado en coma:
puedo oír las palabras de las personas
y sentir su tacto...
pero no puedo comunicar con ellas...

Ahora regreso a la vida:
a mis problemas y a mi trabajo...
a mis consuelos y a mis cosas queridas...
al mundo de los seres humanos...
pero me doy cuenta de que no soy el mismo
desde que he estado expuesto
a los rigores de la soledad...

De vez en cuando, mi corazón vuelve
a Jesús en su agonía...
Observo cómo lucha a brazo partido
cos su Dios y con su destino...
y el verlo me proporciona una sabiduría
que jamás podría proporcionarme
el mero pensar.
Así pues, permanezco en esta actitud
y miro...

EL VOLCAN

Acudo a gurus, escritores, amigos, ambientes...
en busca de paz, valor o sentido para mi vida.
Pero estos agentes externos nunca pueden suplir
a esas otras fuentes internas, profundas.

Busco las citadas fuentes interiores:
Me imagino que hago un viaje
a lo más profundo de mi ser...
Dentro, todo está oscuro...
¡Ni rastro de esa luz interior
de la que hablan los místicos...!
Cuando llego al mismísimo centro,
observo una llama que pugna por ascender,
el símbolo de un fuego sagrado
del que, por lo general,
soy totalmente inconsciente.

Hay un ritmo que acompaña
al crepitar de esa llama...
y oigo la salmodia de una palabra
o un «mantra» que sigue dicho ritmo:
una palabra que puede ser el nombre de Jesús
o un mantra como «Mi Dios y mi todo»,
o «¡Abbá, Padre!»,
o «Ven, Espíritu Santo»,
o cualquier otro...

Presto atención...
hasta que me parece entender la salmodia...

(Si anteriormente he escuchado el mantra
en algún otro viaje interior,
puedo imaginar que lo oigo de nuevo,
o puedo oír en esta ocasión
alguna otra palabra o frase...)

Una vez que he oído el mantra,
lo recito en mi interior...
Y cada vez que lo hago,
una profunda y misteriosa paz
brota del centro de mi ser
y se propaga hasta invadirme totalmente...

Dicha paz se difunde por mi estómago
y mi cabeza y mi cuello
y mis brazos y mis piernas...
y por todos mis miembros...
Ahora, cada vez que pronuncio la santa palabra,
crece la paz en mi interior...
Es como si, con cada recitación, liberara
y abandonara mi ser en las manos de Dios...

Ahora se apodera de mí una íntima energía
cada vez que pronuncio el mantra...
una energía que me invade por completo...
junto con una sensación de confianza,
de que todo-lo-puedo-en-aquel-que-me-conforta...

Y comienzan a desvanecerse
todas las preocupaciones...
Me veo a mí mismo en situaciones
que anteriormente trataba de eludir
por timidez y por miedo...
El mantra me da fuerza y seguridad en mí mismo...

Para concluir el ejercicio,
vuelvo a descender al centro de mi ser,
en busca de ese calor
que proviene del citado fuego interior...
y con objeto de descansar
en la sagrada fuerza
que mi mantra me proporciona...

EL ASENTIMIENTO

Recuerdo las palabras de Jesús
poco antes de abandonar el Cenáculo:
«Para que el mundo sepa que amo al Padre,
vayamos...»
Amar al Padre significa, para Jesús,
rendirse a Su voluntad en todo momento.

Contemplo esta entrega de Jesús en su Pasión.
Parece como si hubiera tenido una premonición
de la clase de muerte que había de padecer.
Le veo unos días antes de su muerte,
tranquilamente sentado
en la más absoluta soledad,
mientras pasa revista a todos y cada uno
de los pormenores de su padecimiento...
Y a cada una de las cosas
que él prevé que van a suceder,
le oigo decir: «Hágase».

Contemplo la Pasión de la humanidad:
los incontables rostros asolados
por la depresión...
la soledad...
y el miedo...
Y los cuerpos atormentados por el dolor:
los accidentes...
los hospitales...
los campos de concentración...
las cámaras de tortura...
Y a cada escena
oigo a Cristo decir a su Padre:
«Hágase...»

Cada vez que me sorprendo a mí mismo
rebelándome ante la perspectiva del sufrimiento,
recuerdo la propia rebelión de Jesús en su agonía
y, aunque hago cuanto está en mi mano
por suprimir el sufrimiento,
aprendo, igual que él, a decir:
«Hágase».

Por último, me fijo en mi propia vida:
en todo lo que en ella hay de absurdo...
y de excesivo...
y de frustrante...

En todo el sufrimiento que he conocido,
causado por mí,
o por otros,
o por la propia vida...

Y ante cada una de las escenas
que se ofrecen a mi mente,
digo: «Hágase».

Indago en el vasto e incierto futuro...
en mi propia pasión...
y en mi muerte...
Y ante todas las cosas que el futuro me depara,
digo: «Hágase».

EL ENCARGO

Recuerdo la escena en que Jesús envía
a sus discípulos a predicar el Reino,
a curar
y a expulsar los demonios... *(Lc 10, 1-12)*

Me encuentro allí cuando él anuncia
los nombres de quienes van a ser enviados...
¿Qué siento yo cuando le oigo decir mi nombre?...
¿y cuando pienso en marchar
a lugares desconocidos...?

¿Qué preparativos hago
antes de salir para mi misión...?

Antes de partir,
a cada cual se le depara
un encuentro privado con el Señor.
Cuando observo su amorosa mirada,
siento, consternado,
que estoy yendo a cambiar el mundo
con un corazón que, tristemente,
¡necesita él mismo un cambio!

¿Cómo voy a llevar paz a los demás
cuando mi propio corazón está en conflicto?
El conflicto entre lo que realmente soy
y lo que parezco ser...
entre lo que practico y lo que predico...
Y el conflicto más profundo de todos:
entre lo que quiero hacer y ser,
entre lo que deseo que suceda en mi vida,
y lo que Dios quiere...

¿Sabré dar libertad a los cautivos
cuando mi corazón esté paralizado
por afecciones desordenadas...
preocupación por el futuro...
y culpabilidad por el pasado?...

Voy a enseñar el perdón,
a pesar de mi amargura y mi resentimiento...

Voy a comunicar a otros la pasión por la verdad,
mientras yo estoy tan a la defensiva...
y me aferro desesperadamente a mis ideas,
negándome una y otra vez a la apertura...

¿Qué valor puedo ofrecer a los demás
cuando soy tan cobarde, incluso en las menudencias,
porque me aterroriza la idea de hacer daño,
de rechazar una súplica,
de estar en desacuerdo...
y me espanta la contrariedad y la oposición...?

Me dispongo a enseñar compasión,
siendo así que siempre
estoy impaciente por condenar...
Carezco de la mansedumbre del Señor,
y veo malicia deliberada
donde él ve ignorancia y debilidad...

Corrí entusiasmado
a recibir la bendición del Señor
antes de partir para mi misión.
Ahora estoy desanimado:
¿Cómo voy, pues, a organizar una revolución
sin haberla experimentado jamás por mí mismo?

Le digo: «No me envíes. No soy digno».

¿Qué responde él a esto...?

EL RIESGO

Recuerdo las palabras de Pablo:
«Tened entre vosotros los mismos sentimientos
que tuvo Cristo».

Le pido al Señor que me ofrezca su corazón...
Le veo cómo me quita mi corazón de piedra...
y pone en su lugar su corazón de carne...

Tengo la extraña sensación
de regresar a mi mundo
con el corazón de alguien distinto de mí:

Percibo en mí un vehemente deseo de orar.
Corro hacia mi lugar habitual de oración
y siento cómo mi nuevo corazón
hace cosas desacostumbradas...

Paseo por una calle muy concurrida.
Por todas partes están
las multitudes de siempre
y, para mi sorpresa, hoy las miro
de un modo extrañamente diferente...
Su visión despierta en mí
pensamientos y sensaciones totalmente distintos
de los que estoy acostumbrado a tener...

Me voy hacia mi casa,
y por el camino miro a los árboles y a las aves,
a las nubes, a los animales y a toda la naturaleza
con un modo diferente de mirar...

En casa,
en el trabajo,
miro a la gente que me desagrada
y descubro que reacciono de distinta manera...
Lo mismo ocurre con las personas
que anteriormente me resultaban indiferentes...
Y, para mi sorpresa, me doy cuenta
de que soy diferente
incluso con las personas a las que amo...

Observo que con este mi nuevo corazón
soy fuerte en ciertas situaciones
que anteriormente trataba de eludir...

Hay ocasiones en las que mi corazón
se deshace en ternura...
y otras en las que se consume de indignación...

Mi nuevo corazón me hace independiente:
Sigo estando apegado a muchas cosas...
pero mi adhesión a ellas va desapareciendo
—me siento libre para desprenderme de ellas...
Y lo compruebo con deleite,
pasando de un apego a otro...

Luego me asusto al comprobar
que esto me lleva a situaciones
que me ocasionan problemas...
Me encuentro metido en asuntos
que ponen fin a mi deseo de comodidad...
Digo cosas que provocan la enemistad...

Por último, vuelvo a la presencia del Señor
para devolverle su corazón.
Ha sido emocionante estar provisto
del corazón del propio Cristo.
Pero sé que aún no estoy listo para ello.
Todavía necesito proteger mi propio yo...

Pero, aunque vuelvo a tener de nuevo
mi pobre corazón,
sé que voy a ser una persona diferente,
porque, aun cuando sólo haya sido un momento,
he experimentado lo que significa
tener este corazón, tener en mí
los mismos sentimientos
que tuvo nuestro Señor Jesucristo.

LA EVIDENCIA

Estoy en una habitación totalmente a oscuras...
y se me aparece Jesucristo...
La aparición va haciéndose
progresivamente más luminosa...
hasta inundarlo todo de luz,
transformando todas las cosas
en algo realmente hermoso...

A medida que me expongo a esta
Presencia transformadora,
me veo a mí mismo transfigurado...
Y durante unos instantes
contemplo aquellas partes de mi ser
que se han hecho resplandecientes...

La Presencia me hace mirar a una pared
en la que veo una visión:
Se me muestra todo el bien que he hecho
y que ha sido hecho a través de mí
en cada fase de mi existencia...

Luego cambia la visión
y se me revelan aquellos aspectos
en los que yo he crecido:
los miedos que se han desvanecido...
los sentimientos hostiles que he superado...
las «imposibilidades» que se han hecho posibles...

Veo en esa pantalla iluminada
la belleza de cada fase de mi vida:
infancia... pubertad... adolescencia...

Y se me hace entender en símbolos
lo que significa mi existencia...
Las imágenes no dejan de destellar
en esa pantalla,
mientras yo miro con gozo y con asombro...
Cuento al menos una docena...

Y al final
se me muestra la belleza y el significado
del día que tengo ante mí...

Ahora ha desaparecido la pantalla...
y soy consciente de la presencia del Señor...
hasta que también ésta se desvanece
y me quedo yo solo en la oscuridad,
con un corazón
que ha recibido la vida
de aquello mismo que le ha sido revelado...

EL REY

Momentos después de la muerte de Jesús, me encuentro de pie sobre la colina del Calvario, ignorante de la presencia de la multitud. Es como si estuviera yo solo, con los ojos fijos en ese cuerpo sin vida que pende de la cruz...

Observo los pensamientos y sentimientos
que brotan en mi interior
mientras contemplo...

Miro al Crucificado despojado de todo:

Despojado de su dignidad,
desnudo frente a sus amigos y enemigos...

Despojado de su reputación.
Mi memoria revive los tiempos
en los que se hablaba bien de él...

Despojado de todo triunfo.
Recuerdo los embriagadores años
en que se aclamaban sus milagros
y parecía como si el Reino
estuviera a punto de establecerse...

Despojado de credibilidad.
De modo que no pudo bajar de la cruz...
De modo que no pudo salvarse a sí mismo...
— debió de ser un farsante...

Despojado de todo apoyo.
Incluso los amigos que no han huido
son incapaces de echarle una mano...

Despojado de su Dios
— el dios a quien creía su padre,
de quien esperaba que iba a salvarlo
en el momento de la verdad...

Le veo, por último, despojado de la vida,
de esa existencia terrena a la que,
como nosotros, se aferraba tenazmente
y no quería dejar escapar...

Mientras contemplo ese cuerpo sin vida,
poco a poco voy comprendiendo
que estoy contemplando el símbolo
de la suprema y total liberación.
En el hecho mismo de estar clavado en la cruz
adquiere Jesús la vida y la libertad
Hay aquí una parábola de victoria, no de derrota,
que suscita la envidia, no la conmiseración.

Así pues, contemplo ahora la majestad
del hombre que se ha liberado a sí mismo
de todo aquello que nos hace esclavos,
que destruye nuestra felicidad...

Y al observar esta libertad,
pienso con tristeza en mi propia esclavitud:

Soy esclavo de la opinión de los demás.
Pienso en las veces en que me dejo dominar
por lo que la sociedad dirá o pensará de mí...

No puedo dejar de buscar el éxito.
Rememoro las veces en que he huido
del riesgo y de la dificultad,
porque odio cometer errores... o fracasar...

Soy esclavo de la necesidad de consuelo humano:
¡Cuántas veces he dependido
de la aceptación y aprobación de mis amigos...
y de su poder para aliviar mi soledad...!
¡Cuántas veces he sido absorbente
con mis amigos
y he perdido mi libertad...!

Pienso en mi esclavitud para con mi Dios.
Pienso en las veces que he tratado de usarlo
para hacer mi vida segura,
tranquila y carente de dolor...
Y también las veces que he sido esclavo
del temor hacia él
y de la necesidad de defenderme de él
a base de ritos y supersticiones...

Por último, pienso cuán apegado estoy a la vida...
cuán paralizado estoy por toda clase de miedos,
incapaz de afrontar riesgos
por temor a perder amigos o reputación,
por temor a verme privado del éxito,
o de la vida, o de Dios...

Y entonces miro con admiración al Crucificado,
que alcanzó la liberación definitiva
en su pasión,
cuando luchó con sus ataduras,
se liberó de ellas
y triunfó.

Observo las interminables hileras de personas
que en todas partes se postrarán de rodillas
hoy, Viernes Santo,
para adorar al Crucificado...
Yo hago mi adoración aquí, en el Calvario,
ignorando por completo
a la ruidosa multitud que me rodea:

Me arrodillo y toco el suelo con mi frente,
deseando para mí
la libertad y el triunfo
que resplandecen en ese cuerpo
que pende de la cruz.

Y en mi adoración
oigo cómo resuenan en mi interior
aquellas obsesionantes palabras:
«Si deseas seguirme,
debes cargar con tu cruz...»
Y aquellas otras:
«Si el grano de trigo no muere.
queda solo...»

CRISTO

EL ENCUENTRO

Mi relación con Jesucristo
es de suprema importancia,
porque yo soy su discípulo.
En el presente ejercicio
trato de profundizar dicha relación:

Imagino que me dicen que voy a encontrarlo
en lo alto de una solitaria montaña,
y salgo para el lugar de inmediato...
¿Qué sentimientos nacen en mi interior
cuando pienso que pronto
voy a encontrarme con Jesucristo?...

En la soledad de mi montaña me entretengo
en contemplar la llanura que se extiende
allá abajo...
cuando, de pronto, adquiero conciencia
de que él está allí...
¿De qué manera se me muestra?...
¿Y cómo reacciono en su presencia?...

Le hablo acerca de nuestra amistad:

Es mejor empezar por la parte negativa:
los sentimientos negativos que, por lo general,
experimenta uno hacia un amigo,
son principalmente dos:
resentimiento y temor.

Mi amigo me ofende
cuando se convierte en una carga
— cuando me plantea exigencias
que no deseo satisfacer;
cuando se hace absorbente;
cuando limita mi libertad;
cuando me niega lo que deseo o necesito.

Si albergo resentimientos en mi interior,
mi relación puede mejorar
tomando conciencia de ellos.
Así pues, me pregunto si Jesús es una carga:
¿es la clase de amigo cuyas exigencias
producen sentimientos de culpabilidad...
que me presiona,
que me pide cosas
que no estoy dispuesto a hacer...,
que con su carácter posesivo
restringe mi libertad?...
Si es así, se lo digo abiertamente...
y escucho su respuesta...
hasta que comprendo
que no es en él donde radica la dificultad,
sino en la falsa imagen que yo tengo de él...

La otra emoción negativa es el temor:
Le dejo a Jesús que me explique
que, si yo le temo,
es que aún me falta comprender
la incondicionalidad del amor...
que sentirse incondicionalmente amado
significa saber que el amor perfecto
pone fin a todo temor...

Una vez resueltas nuestras diferencias,
pasamos a examinar la relación en sí:

¿Qué adjetivos definirían mejor nuestra amistad?...
Puede que sean negativos, ambiguos
y hasta contradictorios...
pero, si se corresponden con la realidad,
su grado de adecuación
contribuirá a profundizar la relación.

¿O qué analogías?...
Ambos decidimos
qué imágenes son más aptas
para simbolizar nuestra amistad...

Pasamos del presente al pasado.
Pienso en lo que Jesucristo ha significado
para mí en mi niñez...
y en las diversas fases de mi crecimiento...
Pienso en los altibajos
por los que ha pasado nuestra relación...

Pero nuestra relación exige algo más:
Que yo explicite mis expectativas
con respecto a él
— lo que espero que él haga y sea para mí...
y lo que yo deseo de él...

Y le pregunto lo que él espera de mí...

Ha llegado para él el momento de marchar,
de modo que ambos miramos al futuro:
¿Qué clase de futuro deseamos
que tenga nuestra relación?...
¿Hay algo concreto que yo pueda hacer al respecto?...

La Presencia se desvanece
y yo permanezco un tiempo en la montaña
para saborear durante unos instantes
el estado de ánimo
que el encuentro con Jesús ha provocado en mí.

LA INVITACION

Rememoro las veces
que, en el Evangelio, Jesucristo
le dice a alguien: « ¡Ven! »
Imagino que escucho esta palabra
dirigida a mí hoy
y respondo a ella.

Cuando dos de los discípulos de Juan
le preguntan a Jesús dónde vive,
éste les dice: «Venid y lo veréis».
Hablo con él acerca de las cosas que he visto
desde el día en que me invitó por primera vez
a estar con él...
las cosas que él me ha mostrado...

Luego evoco las palabras de Felipe:
«Muéstranos al Padre
— es cuanto deseamos».
¿Hay todavía algo que quisiera yo
que él me mostrara?...

A cada uno de sus discípulos le dijo Jesús:
«Ven y sígueme».
Me pregunto qué es lo que ha significado
para mí, a lo largo de los años,
el hecho de seguirle...

Otra invitación:
Jesús dice a los pescadores del lago:
«Venid, y yo os haré pescadores de hombres».
Pienso en la inspiración que a veces
haya podido yo proporcionar a otros...
Pienso en aquellos cuya bondad o cuyos talentos
pueda yo haber suscitado con mi amor...
Pienso en las veces que he llevado fe
allá donde había temor...
consuelo, allá donde había dolor...
amor que ocupara el lugar de la indiferencia...
paz que atemperara la violencia...
Pienso en aquellos que se hallaban
absortos en las pequeñeces cotidianas
hasta que, gracias a mí,
pudieron oír la llamada
a algo más grande...
Y descanso en el sonido de sus palabras:
«Venid, y yo os haré pescadores de hombres»...

«Venid a mí todos los que estáis cansados
y agobiados, y yo os aliviaré».
¡Es una invitación a hallar en él mi descanso!
¿Qué palabras afloran a mis labios
cuando le oigo decirme estas cosas...?

Y por último, «Si alguno tiene sed,
venga a mí y beba...»
¿Cómo puede uno apagar su sed
en Jesucristo?...

EL SEÑOR

Pienso en el impacto que Jesucristo
ha producido en la historia humana...

...y en mi propia vida...

Luego establezco un diálogo con él:

Le hago saber qué es
lo que más me atrae de él...
y escucho lo que él me responde...

Le digo cuáles de sus palabras
me han impresionado más...
y cómo han influido en mi vida...

Sus discípulos hablan a veces
de la presencia de él en sus vidas.
Medito en el significado
que la palabra «presencia» posee para mí...
¿De qué modo ha estado él presente,
si es que ha estado de algún modo, en mi pasado...
y en mi vida actual?...

El indicó que había sido enviado
a enseñarnos a amar.
¿Qué clase de amor me ha enseñado Jesús?...
Si soy una persona que ama,
¿en qué medida es él responsable de ello?...

También afirmó haber sido enviado
a traer liberación a las vidas de la gente.
¿Ha sido ésta mi experiencia?...
O, por el contrario, ¿me he sentido
forzado y oprimido
por sus requerimientos
y enseñanzas?...
¿O he experimentado ambas cosas,
opresión y liberación,
al mismo tiempo?...
¿En qué aspectos concretos?...

Antes de concluir mi diálogo, me pregunto
qué impacto produjo Jesús
en el día de ayer...

Y le digo cuál creo yo
que habrá de ser su influencia
en lo que yo piense, diga y realice hoy...

EL CREADOR

Busco con la imaginación un lugar
donde pueda estar a solas con Jesucristo...
¿Qué sentimientos y reacciones
ocasiona esto en mí?...

El tema de mi conversación con él
será hoy el de la Fe:

La fe es el asentimiento de la mente
a una verdad revelada por Dios.
De entre las muchas verdades sobre Jesucristo
que presentan las Escrituras,
escojo algunas que me hayan parecido
ser más significativas...

Luego hablo con él
acerca de este especial Credo
que yo he compuesto...

La fe se refiere a la palabra,
a la promesa de otro.
¿En cuántas de las promesas de Jesús
tengo yo fe?...
Le hablo también sobre esto...

Tener fe significa confiar.
¿Confío yo en Jesucristo?
Le digo lo que esto significa
para mí en la práctica...

Para ser discípulo de Jesús,
no basta con que tenga fe en él.
Es igualmente importante que tenga fe en mí.

Un amigo provoca, crea,
una cualidad que ve en mí
— así es como un amante
crea a la persona amada,
y un Maestro a su discípulo.

¿Tiene Jesús esta clase de fe en mí?
¿Qué es lo que él ha visto
y sacado a la luz en mí?
Imagino que le oigo decírmelo...

Cuando Jesús puso sus ojos por vez primera
en Pedro, el tremendo e impulsivo Pedro,
vio en él lo que nadie
había imaginado que podía haber,
y le llamó «Roca»...
Y Pedro acabó cambiando,
convirtiéndose en lo que
dicho sobrenombre afirmaba de él.
¿Qué clase de nombre o nombres
ha encontrado Jesús para mí?...
Escucho...
y reacciono ante sus palabras...

EL RECONOCIMIENTO

En mi oración abordo hoy un interrogante vital:
¿Quién es Jesucristo para mí?

Comienzo imaginándome estar en su presencia
— una presencia que me permite
ser absolutamente yo mismo...
Establezco luego un diálogo con él,
adoptando como tema de conversación
los títulos que la Escritura le otorga:

El primero de ellos guarda relación
con su nombre: *Salvador.*
¿Ha sido Jesús un salvador para mí?
¿En qué circunstancias?...
¿En qué ocasiones?...
Cuando me dirijo a él con este título,
¿qué significado tiene?...

Le hago saber mis respuestas a estas preguntas...
Y él reacciona a su vez...

Otro título que la Escritura le otorga
es el de *Señor*.
Le digo lo que para mí significa llamarle «Señor»...
Y él hace sus observaciones...

La Escritura también le llama *Maestro*.
Medito en las lecciones que él me ha enseñado...
Y le pregunto qué opina de mí como alumno...

Y estos son títulos que Jesús
se dio a sí mismo:
Yo soy la *Resurrección*
y la *Vida*.
¿Puede Jesús pretender ser mi vida?
¿Qué significado tiene ello
en mi existencia cotidiana?...

También se dio el título de *Amigo:*
«Vosotros sois mis amigos,
porque os he revelado todo cuanto yo sabía».
¿Cuáles son esas revelaciones
que me ha hecho a mí en la amistad?...

Ahora dejo a un lado la Escritura
y permito que mi corazón exprese
su propia experiencia de él
con un título original...
Y observo cómo reacciona él...

LA RESPUESTA

Escucho los sonidos a mi alrededor...
lo mejor que puedo para prepararme
a escuchar el evangelio.

Ahora oigo cómo Jesús me dice
algunas de las frases
que ya dijo en los evangelios.
Dice, por ejemplo:
«¿Quién dices tú que soy yo?»

Pero no respondo inmediatamente.
Dejo que las palabras suenen y resuenen
en mis oídos por algún tiempo...
observando cómo reacciona
mi corazón ante ellas...

Y sólo cuando ya no puedo contenerme más,
reacciono efectivamente,
con una simple palabra...
o con el silencio...

Y hago lo mismo con otras frases del evangelio:

«¿Me amas?»

«Ven, sígueme.»

«Tanto tiempo como llevo contigo
¿y aún no me conoces?»

«¿Crees?
Todo es posible para el que cree.»

EL PIONERO

Comienzo leyendo atentamente Lucas 4, 14-30:
el regreso de Jesús a su aldea natal.

Contemplo la aldea de Nazaret...
su ubicación... las casas...
la sinagoga... la fuente...

Observo el alboroto que se organiza
a medida que se propaga el rumor
de que el joven profeta vuelve a casa...
Observo también el escepticismo...
Jesús ocasiona división hasta en su aldea...
incluso en su ausencia...

No sólo divide a los buenos de los malos,
sino incluso a los buenos entre sí,
pues observo que hay personas
que están en contra de él de buena fe,
personas que parecen tener buenas razones
para oponerse a él.
Escucho los razonamientos de una de esas personas
que no parece mala ni por asomo...

Estoy sentado en la concurrida sinagoga
y puedo sentir la tensión, la expectación,
mientras Jesús lee el pasaje de Isaías
y lo comenta...
Incluso los que están en su contra
parecen impresionados por las palabras de gracia
que fluyen de sus labios...
Me encanta ver cómo les ha conquistado...

Y me da pena cuando Jesús pasa a zaherirles...
¿Por qué se obstina en provocar el enfrentamiento?...

Observo el furor de la multitud
y veo con tristeza
cómo lo expulsan de la aldea...

Ahora estoy sentado a solas con Jesús
después del suceso anterior.
Yo, el discípulo, estoy lleno de interrogantes.
El, el Maestro, responde.
«¿De dónde sacas el valor?», le pregunto.
«¿Nunca sientes miedo?»

«¿Por qué te enemistas con ellos?»...

«¿Cómo es que tu propia gente
no te reconoce?»...

«¿Soy yo de los que no te reconocen?»...
Y en respuesta, Jesús me muestra a personas
con las que convivo
y cuya santidad no soy capaz de ver,
porque me fijo demasiado
en sus insuficiencias y defectos...
Y me indica también algunos hechos,
escogidos al azar,
al objeto de que se abran mis ojos
y pueda yo comprobar hasta qué punto
son portadores de una Gracia
que yo no he sabido reconocer,
porque me parecían sumamente vulgares...

Y mi última pregunta:
«¿Llegaré alguna vez, Señor, a acceder
a la fuente de donde fluyen tus palabras
y tu sabiduría?...
¿Conseguiré algún día dar con el manantial
de donde brota tu valor?»
¿Qué dice Jesús a todo esto?

LA PROMESA

En el pasado, los santos
acostumbraban a practicar
lo que llamaban «comunión espiritual»
— comunión de deseo.

Intento yo hacer lo mismo.
Me imagino la escena de la Ultima Cena...
como si me hallara presente en ella.

Observo cómo Jesús toma el pan en sus manos,
lo bendice y lo reparte.
Cuando lo recibo yo de sus manos,
pienso qué es lo que yo deseo
que signifique para mí este pan...

Luego Jesús habla con nosotros,
sus discípulos.
Sus palabras son parte esencial
de la ingestión de ese pan,
de manera que escucho con atención:

En primer lugar, nos da un nuevo mandamiento
—que nos amemos los unos a los otros

como él nos ha amado.
Ruego que este pan acreciente
mi capacidad de amar...
y pienso en lo que el amor
ha llegado a significar para mí
y qué lugar le doy en mi vida...

Si comemos de este pan,
de este cuerpo quebrantado,
forzosamente habremos de tomar parte
en la pasión y muerte de Jesús.
Le escucho su predicción
de que seremos perseguidos
incluso por los nuestros...
Así pues, ruego me sea otorgado
el valor que sostuvo a los mártires
y la fuerza necesaria
para vivir y hablar como él lo hizo...

En el transcurso de esta santa comida,
Jesús ofrece un don: la Paz.
Y aclara que no se trata de la paz del mundo,
sino de su paz.
Medito en el significado de estas palabras...
y pido ese don para mí
y para aquellos a quienes amo...

Luego nos hace una promesa.
Afirma que habremos de sufrir
y que el mundo se alegrará de ello,
«pero yo volveré a vosotros
y se alegrarán vuestros corazones,
y nadie podrá quitaros vuestra alegría».

Ruego que, en virtud de este pan que he comido,
pueda experimentar para siempre
la gozosa presencia del Señor Resucitado
en los buenos y en los malos momentos
de la vida...
Imagino futuros momentos
en los que tendré necesidad de esta presencia
y confío en que él se encuentre allí...

Luego comienza a rezar por nosotros.
Yo escucho y hago mía su oración.
Pide que todos seamos uno
como él y su Padre lo son,
y que éste sea el signo
por el que el mundo conozca
que él ha venido de Dios...
Ruego que este pan
constituya una fuerza de unidad
en cualquier grupo en que sea comido...

Jesús sigue hablando
hasta bien entrada la noche.
Al fin concluye la Cena.
Entonces toma en sus manos una copa de vino...
Escucho las palabras que pronuncia sobre ella...
La copa pasa de mano en mano
y, cuando me llega a mí el turno de beber,
pido quedar embriagado
y perderme en el amor...

VIDA

LA REDENCION

Me hago consciente de mi presencia en este lugar...
de las sensaciones que experimento en mi cuerpo...
del contacto de las ropas que llevo puestas...
y de la silla en la que estoy sentado...
Me hago consciente de los sonidos que me envuelven...
y de mi respiración...

Y advierto el hecho de que estoy vivo...

Imagino una planta o un animal llenos de vida...
Pienso en una persona llena de vida...
¿Qué cualidades descubro yo en dicha persona?...
¿Qué significa para mí estar lleno de vida?...

Una cosa es cierta:
estar lleno de vida supone renunciar
al propio pasado y al propio futuro.

El pasado. Ayer.
No puedo estar vivo si me aferro al ayer,
porque el ayer es un recuerdo,
una creación de la mente.

No es real.
De manera que vivir en el ayer es estar muerto.

Por tanto, me desprendo de mis ayeres,
de mi propensión a vivir en el pasado.
Una forma de vivir en el pasado
consiste en guardar memoria de los agravios.
Como primera medida para
vivir plenamente en el presente,
elaboro una lista de las personas
por las que me considero ofendido...
Y ofrezco a todas ellas una amnistía,
una absolución,
y en paz...

Pero la absolución no se producirá
si pienso que sólo ellas son culpables
y yo inocente.
Debo considerarme a mí mismo
co-responsable, con el ofensor,
de cada ofensa de la que yo haya sido víctima...

Es difícil absolver a una persona cuya ofensa
se considera de una maldad absoluta.
Lo cierto es que su ofensa me ha hecho bien.
Ha sido un instrumento usado por Dios
para proporcionarme gracia,
del mismo modo que Judas
fue un instrumento del que Dios se valió
para proporcionar gracia
a la humanidad y a Jesucristo.

Si pretendo renunciar a vivir en el pasado,
debo dejarme tanto de lamentaciones
como de resentimientos.
Lo que tiendo a considerar como pernicioso
(mis defectos,
mis limitaciones,
la falta de oportunidades en mi vida,
mis supuestas «malas experiencias»...)
debo aprender a verlo como una bendición.
Porque en la danza de la vida
todas las cosas cooperan a nuestro bien.

Una vez libre de lamentaciones
y resentimientos,
me libero también de mis «buenas experiencias».
Las experiencias, como los bienes terrenos,
pueden acumularse;
y si me aferro a ellas,
estaré una vez más viviendo en el pasado.
Así pues, digo «adiós» a las personas...
lugares...
ocupaciones...
cosas... que atesoro del pasado.
Nunca volveremos a encontrarnos,
porque, si alguna vez vuelvo a todas esas cosas,
ellas habrán cambiado,
yo habré cambiado,
todo será diferente.
De manera que... adiós...
Gracias y adiós...

Me he desprendido de mis ayeres.
Pero aún debo desposeerme de mis mañanas,

porque, al igual que el pasado,
el futuro está muerto
— es una construcción de la mente —
y vivir en él significa
estar muerto al aquí y ahora.
De modo que renuncio a mi codicia
y a toda ambición por adquirir,
por lograr,
por ser alguien en el futuro...
La vida no es mañana; la vida es ahora.
Igual que el amor...
y Dios...
y la felicidad...

Pienso en las cosas
que codicio y ambiciono (mañana)
e imagino que las aparto de mí...
Y es un inmenso alivio, porque,
cuando me libro de mi codicia,
me libro de mi esclavitud de la ansiedad
y quedo en libertad para estar vivo,
Me tomo unos instantes para permitirme
experimentar este alivio y esta libertad...

Después de haberme liberado
del futuro y del pasado,
entro en el presente
para experimentar la vida tal como ahora es,
porque la vida eterna es ahora,
la vida eterna está aquí.
Escucho los sonidos que me rodean...
Tomo conciencia de mi respiración...
y de mi cuerpo...
a fin de estar lo más presente posible.

LA INSEGURIDAD

Pienso en las ocasiones en que estoy vivo...
y aquellas otras en que estoy muerto...

Considero atentamente
los rasgos que adopto
en unas y en otras ocasiones...

La vida aborrece la seguridad,
porque la vida significa arriesgarse,
exponerse al peligro,
incluso a la muerte.
Dice Jesús que quien desee salvar su vida,
la perderá;
y que quien esté dispuesto a perder su vida,
la salvará...

Pienso en las veces
en que he rehusado arriesgarme...
en que me encontraba cómodo y seguro...
Momentos en que me he quedado estancado.

Y pienso en aquellas otras veces
en que me he atrevido a arriesgarme...
a cometer errores...
a ser un fracasado...
y un loco...
a ser criticado por los demás...
cuando me he atrevido a correr el riesgo
de salir lastimado...
y de lastimar a otros...
¡Entonces estaba vivo!

La vida es para el que se aventura.
El cobarde perece.

La vida está reñida con mi manera de percibir
lo que es bueno y lo que es malo:
tales cosas son buenas y deben buscarse;
tales otras son malas y deben evitarse.
Comer del Arbol de la Ciencia del Bien y del Mal
significa la exclusión del paraíso.
He de aprender a aceptar todo cuanto
la vida pueda traer consigo,
el placer y el dolor,
la pena y la alegría.
Porque, si me cierro al dolor,
entonces perece mi capacidad de placer
— me endurezco a mí mismo
y reprimo lo que considero
repugnante e indeseable,
y en esa dureza y en esa represión
están la rigidez y la muerte.

Por tanto, decido experimentar el momento presente
en toda su integridad,
sin llamar buena o mala a ninguna experiencia.
Pienso en aquellas experiencias
que me infunden temor...
y, en la medida de mis posibilidades,
permito que se produzcan
y dejo de oponerles resistencia...

La vida va a una con el cambio.
Lo que no cambia, está muerto.
Pienso en las personas fosilizadas...
Pienso en las ocasiones en las que
yo mismo he estado fosilizado...
sin cambio alguno, sin novedad:
siempre los mismos viejos y caducos conceptos
y normas de comportamiento,
la misma mentalidad, las mismas neurosis,
los mismos hábitos y los mismos prejuicios...

Las personas muertas tienen
un miedo connatural al cambio.
¿Qué cambios se han producido en mí
durante los últimos seis meses?
¿Qué cambios se producirán hoy?...

Concluyo este ejercicio
observando la naturaleza que me rodea:
tan flexible,
tan fluida,
tan frágil,
tan insegura,
tan expuesta a la muerte...
¡y tan viva!

Observo durante bastantes minutos...

EL REINO

Imagino que entro en una profunda y oscura cueva
en la que estoy totalmente solo...
Me siento en un rincón...
a meditar acerca de la vida.

Hoy decido ver la vida en su imperfección,
en su inutilidad
y en su desolación:

Me imagino unas flores que crecen
al borde de un camino...
y veo las semillas
que nunca llegaron a florecer...
los tiernos renuevos
que sólo brotaron para ser pisoteados por la gente,
devorados por el ganado,
abrasados por el calor del sol...
Son miles las que deben perecer
en cada fase del crecimiento
para que una sola flor prospere...

Veo trillones de óvulos...
de fetos aniquilados...
de niños nacidos para morir...
por cada ser humano que sobrevive.

Veo los baldíos esfuerzos de millones de seres
que aspiran a ser actores,
escritores,
estadistas,
santos...
y que acaban fracasando...
para que sólo unos pocos lo consigan.

Yo mismo he llegado adonde ahora estoy
a base de innumerables horas de aburrimiento...
de conversaciones inútiles...
de pasatiempos...
de estéril enfermedad...
o de sufrimientos que he sido lo bastante loco
como para causarme a mí mismo...
A base de malgastar energías
en hacer planes improductivos...
proyectos malogrados...
propósitos inútiles...

Contemplo la miríada de oportunidades
que he desperdiciado...
los talentos que no he aprovechado...
los retos que no me he atrevido a afrontar...
las promesas que nunca fueron
y, peor aún, que nunca serán cumplidas...

Y contemplo todo esto no con tristeza
ni con sentido de culpa,
sino con paciente comprensión,
porque deseo amar la vida tanto en su fracaso
como en su éxito.

Y recuerdo la parábola que el Señor nos ofreció
como símbolo del Reino:
Sale el sembrador a sembrar;
parte de la semilla cae en terreno rocoso;
otra parte entre cardos y espinos;
otra cae en el camino, donde es pisoteada
o comida por las aves;
unas semillas producen ciento,
o quizá menos... tal vez sólo treinta o sesenta...

Y amo todo ese campo por entero:
Amo el suelo pedregoso
y el suelo fértil...
el camino
y los cardos y espinos...
porque todo ello es parte de la vida.
Amo la semilla excepcionalmente fructífera...
y la semilla que produce un fruto normal...
Y hoy amo especialmente
la semilla que es sembrada
únicamente para perecer...
de modo que antes de que caiga en el olvido
se vea bendecida y redimida por mi amor...

Por último, miro al Salvador en la cruz,
que con su cuerpo destrozado
y su fracasada misión
simboliza el drama de la vida en general
y de la mía en particular...
También a él le amo
y, mientras lo estrecho contra mi corazón,
comprendo que en algún lugar, de algún modo,
todo tiene un sentido,
todo es redimido
y hermoseado
y resucitado...

EL MENDICANTE

Cuando pienso cuánto he vivido,
la injusticia de la vida me deja perplejo:
otros han vivido mucho menos
(pienso en algunos a los que he conocido...);
hay quienes no han tenido ni una hora de vida...

Recuerdo mi infancia...
y las diversas fases de mi crecimiento...
¡La verdad es que he sido mucho más afortunado
de cuanto podía esperar o merecer!

Pienso en las experiencias
que la vida me ha proporcionado:
las unas, felices, han colmado mi corazón...
las otras, dolorosas, me han ayudado a crecer...

Pienso en los descubrimientos que he hecho...

En las personas que he tenido
el privilegio de conocer...

Y en mis talentos y facultades...
la vista...
el oído...
el olfato..., el gusto..., el tacto...
y el entendimiento... y la voluntad...
y la memoria...
y los miembros... y órganos de mi cuerpo...

Si tuviera que morir hoy,
ciertamente habría tenido algo más
que mi pequeña cuota de participación
en las habituales bendiciones de la vida...
Todo cuanto la vida me depara es un don añadido,
totalmente inmerecido...

Una vez aceptado esto,
tomo conciencia del hecho de que
tengo por delante otro día de vida
que debo vivir y saborear...
Me veo a mí mismo pasando la mañana...
la tarde...
y la noche...
y acepto con agradecimiento mi buena suerte...

Pienso en la persona que me es más querida
de todas cuantas viven...
y cómo ha enriquecido mi vida...

Mañana puedo perderla...
tal es la fragilidad de la vida...

Y si la perdiera,
no tendría motivos para quejarme.
La he tenido durante mucho tiempo...
Y Dios sabe que yo no tenía derecho
a disfrutar de su compañía ni una sola hora...
La vida ha sido injusta:
Pienso en quienes nunca han disfrutado
las riquezas que a mí me ha dado...
Le digo todo esto a esa persona en la imaginación
y observo lo que sucede...

Ahora tomo conciencia
de que ella sigue conmigo un día más...
y lo agradezco en el alma.

EL DESCUBRIMIENTO

Imagino que me dicen
que de aquí a seis meses estaré ciego...
Observo mi reacción ante ello...

Hago una lista de personas... lugares...
cosas... que deseo ver de nuevo,
para grabarlas en mi memoria
antes de que pierda la vista.
¿Qué sensaciones experimento
cuando trato de verlas en mi imaginación?...

Evoco ahora un día normal de mi vida:
levantarme,
desplazarme,
comer,
leer...
como una persona ciega,
observando todos mis pensamientos
y sentimientos...

¿Qué significa la ceguera para mi profesión...
para mi relación con los demás?...

Y hago el firme propósito de que mi vida
sea tan fructífera y tan feliz
como lo era antes de perder la vista...
y veo lo que esto significa para mí...

Las personas ciegas
muchas veces llegan a ver cosas
que se les han pasado por alto
cuando poseían la vista.
Trato de ver esas cosas...

Para concluir este ejercicio,
pienso en toda la riqueza
que el don de la vista me ha proporcionado:

¿Sería yo la persona que ahora soy
si nunca hubiera visto un amanecer,
o la luna,
o el esplendor de las flores,
o los rostros de la gente?...
Dejo que mi corazón evoque
las escenas de belleza con que se ha gozado
gracias a mis ojos...

Si la admiración es la esencia
de la contemplación
¿cuántos momentos místicos
no me habrán procurado mis ojos…?
Me esfuerzo por evocarlos…

Rememoro los momentos de amor
y de mutuo afecto
que no habría tenido
— o no se me habrían dado —
de no haber sido por mis ojos…

Me imagino lo que habría sido mi vida
sin los conocimientos…
y sin el entretenimiento…
que la lectura me ha proporcionado.

Y finalmente me pregunto
cómo voy a usar hoy mis ojos…

EL DESPERTAR

Finjo que estoy paralizado
de los hombros para abajo...
Imagino vívidamente mi entorno...
y observo mis pensamientos y sentimientos...

Veo los cambios que la parálisis ha ocasionado en mí:
en mi trabajo y en mi profesión...
en mis relaciones...
en mi imagen de mí mismo...
en mi actitud hacia mi yo...
en mi vida de oración y en mi relación con Dios...
en mis ideas sobre la vida...
Observo cómo reacciono yo mismo, por ejemplo,
ante las noticias de cada día...
mis actitudes y valores con respecto al trabajo...
al tiempo...
al éxito...
al amor...
al crecimiento...
a la vida...
al progreso...
a la muerte...

Contemplo cómo transcurre un día cualquiera
desde el momento de despertar por la mañana
hasta caer dormido por la noche:
mi primer pensamiento al despertar...
mis comidas...
mi aseo...
mi trabajo...
el cuidado de mi salud...
mi tiempo de ocio...
mi oración...

Por la noche dedico unos minutos a dar gracias:

Agradezco el don de la palabra,
que me permite expresar mis necesidades
y mis sentimientos.
Que me permite relacionarme con otros...
y hasta prestarles ayuda...

Y el don del oído, gracias al cual
puedo escuchar el sonido de la música
y el canto de las aves
y las voces humanas...

Y el don de la vista,
por el que puedo contemplar las flores...
y los árboles...
y las estrellas en la noche...
y los rostros de mis amigos...

Agradezco el sentido del gusto...
y del olfato...
y del tacto...
Y la capacidad de pensar...
y la memoria...
y la imaginación...
y la capacidad de sentir...

Y ahora ha llegado el momento
de agradecer la propia parálisis:
Me fijo en la bendición que ha traído consigo...
hasta que logro verlo como un don...
Si puedo conseguir esto,
habré experimentado un momento
del más puro misticismo:
aceptarlo todo tal como es.

Reflexiono ahora en algún aspecto de mi vida
con el que no estoy conforme...
contra el que me resisto:
Un defecto físico...
una enfermedad...
una situación inevitable...
una circunstancia presente...
un suceso pasado...
una persona...

Y, poco a poco, procedo con ello
del mismo modo que he procedido con mi «parálisis».
De manera que, sin renunciar
a mi deseo y a mis esfuerzos
por liberarme de ello si es posible,
cobro suficientes ánimos
para dar gracias por ello...
por todo...
por cada una de las cosas...

EL ESPEJISMO

Entro en un desierto donde la arena y el cielo
se extienden hasta el infinito...
y me encuentro totalmente solo...

La soledad es un acto de amor,
un favor a mí mismo.
Nada en ella me distrae de mí,
de modo que dedico mi tiempo a pensar...
y a hablarme a mí mismo...
de una manera positiva y amistosa...

La soledad ofrece perspectiva:

Hubo personas en la tierra,
hace tres mil años,
cuyos problemas eran tan grandes como los míos
o incluso mayores.
Con la imaginación me meto en aquellos tiempos
y los observo...

¿Dónde están ahora aquellas personas?
Busco lo que queda de ellas...

Veo la tierra dentro de tres mil años.
Los antiguos lugares conocidos
están invadidos por el desierto o la jungla...
o por personas cuyo lenguaje,
sistema alimenticio y costumbres
me son completamente desconocidos...
¡Hasta el nombre de mi ciudad natal
y de mi país ha cambiado!
Me sitúo en el mismo lugar en el que ahora estoy
— si es que puedo encontrarlo —
y evoco mis problemas
¡de hace tres mil años!

La soledad proporciona distancia...
La distancia ofrece serenidad...
para ver lo que me deparará hoy la suerte...
antes de dejar el desierto.

EL RIO

Miro al cielo y veo cómo la estrella de la mañana
brilla esplendorosa en el firmamento.
Imagino lo que ella verá al mirar hacia abajo,
hacia mí y mi entorno
y esta pequeña parte de la tierra...

Me imagino lo que habrá visto
hace hoy mil años...
cinco mil...
cien mil...
cinco millones de años...

Trato de ver en la imaginación
lo que la estrella de la mañana verá,
tal día como hoy,
dentro de mil...
cinco mil...
cien mil...
cinco millones de años.

Paso revista a las diversas fases de mi vida:
la infancia, la pubertad, la adolescencia,
la adultez, la madurez...
y lo hago del siguiente modo:

Busco en mi memoria las cosas
que me parecían de enorme importancia
en cada una de dichas fases de mi vida...
las cosas que me causaban
inquietud y preocupación...
las cosas a las que me aferraba porfiadamente...
las cosas con las que pensaba
que nunca podría vivir...
o de las que no creía poder prescindir...

Cuando lo veo desde la distancia de hoy,
¿cuántos de aquellos amores, sueños y temores
conservan la fuerza que sobre mí ejercían antaño?...

Luego reviso
algunos de los problemas que hoy me afectan...
algunos de mis actuales sufrimientos...
y de cada uno de ellos digo:
«También esto pasará».

Pienso en las cosas a las que me aferro...
o con las que me muestro posesivo...
Y me doy cuenta de que habrá de llegar un día
en que las vea de diferente manera.
De modo que también
de cada una de ellas digo:
«También esto pasará».

Hago una lista de las muchas cosas que temo...
y digo de cada una de ellas:
«También esto pasará».

Para concluir,
me veo a mí mismo absorto en mi quehacer diario
con la seriedad...
y el fervor...
con que me zambulliría en un drama teatral...
o en una competición deportiva...:
absorto, inmerso...,
pero nunca hasta el punto
de perder la noción de la realidad...

LA ESENCIA

Miles de personas han muerto
en cualquier parte del mundo
durante las últimas veinticuatro horas.
Imagino algunas de esas muertes
— las violentas... y las pacíficas...
En mí aún sigue ardiendo el fuego de la vida...
¿Durante cuánto tiempo más
me gustaría que siguiera ardiendo?...

Si pudiera escoger
las circunstancias de mi muerte,
¿cuáles escogería?
¿Qué lugar?
¿Qué hora del día?...
¿Qué estación del año?
¿Me gustaría morir despierto o dormido?
¿A solas o acompañado de personas?...
¿Qué personas?...
¿Qué clase de pensamientos querría tener...
qué clase de palabras desearía pronunciar...
cuando me encuentre agonizando?

Hago una lista de las cosas
que más voy a echar en falta cuando muera...
No sólo las cosas sublimes y elevadas

como el amor y la belleza,
sino cosas tan pequeñas como
el olor del pan recién cocido,
el tamborileo de la lluvia,
el áspero contacto de una manta,
el gusto del café,
mi revista preferida...

Evoco un montón de cosas de estas
con amor y agradecimiento...

Y pienso cuántas de ellas
es probable que aún vaya a experimentar
en los días que me restan...

Cuando mi vida esté llegando al final,
¿de cuántas experiencias podré acordarme y decir:
«Esta sola experiencia ha hecho
que mereciera la pena vivir»?...

¿Y de cuántas de mis acciones podré decir:
«Sólo por haber hecho esto
mi vida habrá merecido la pena»?...

Revivo y saboreo
tales experiencias y acciones...

Finalmente, me vuelvo a Dios para expresarle,
en silencio o con palabras,
cuál es lo principal en mi corazón...

LA BUENA NUEVA

Imagino que me quedan muy pocos días de vida...
y que se me permite escoger a una persona,
o a dos como mucho,
para acompañarme en esos últimos días.
Hago la difícil elección...
y luego converso con esa persona,
explicándola por qué la he escogido.

Se me permite también mantener
una conversación telefónica de tres minutos
con algunas personas que yo elija...
o enviarles un mensaje escrito...
¿A quiénes escojo?...
¿Qué les digo?...
¿Qué me responde cada una de ellas?...

Y se me da una última oportunidad
de ponerme en contacto
con personas que me resultaban antipáticas
o con personas a las que he ignorado.
Suponiendo que aproveche la oportunidad,
¿qué le digo a cada una de ellas,
ahora que siento que me encuentro
en los umbrales de la eternidad?...

La gente me pregunta si tengo un último deseo.
¿Lo tengo?...

Un amigo me dice que tiene pensado hablar
en mi funeral.
Le sugiero uno o dos puntos
que podría tocar en su alocución...

Un día, a solas en mi habitación,
pienso en aquellas cosas de mi vida
por las que estoy especialmente agradecido...
las cosas de las que me siento orgulloso...

Luego pienso en aquellas cosas que lamento
y que desearía que nunca hubieran ocurrido...
especialmente mis pecados...

Y en esto, entra Jesucristo...
Su presencia trae un gozo y una paz inefables...
Le digo algunas de las cosas
que lamento en mi vida...
Pero él me interrumpe con estas palabras:
«Todo está olvidado y perdonado.
¿Acaso no sabes que el amor
no toma en cuenta el mal?» *(1 Cor 13, 5).*
Y luego prosigue:
«La verdad es que tus pecados
no sólo han sido perdonados,
sino que han sido trocados en gracia.
¿No has oído nunca que donde abundó el pecado
sobreabundó la gracia?» *(Rom 5, 20-21).*

¡Todo esto le parece,
a mi pobre y pusilánime corazón,
demasiado bueno para ser cierto!
A continuación le oigo decir:
«Estoy tan satisfecho de ti...
te estoy tan agradecido...»
Y yo me pongo a argüir que no hay nada en mi vida
de lo que él pueda estar satisfecho o agradecido.
Pero él dice: «¿No estarías tú sumamente agradecido
a quien hubiera hecho por ti
una mínima parte de lo que tú has hecho por mí?
¿Y piensas que tengo yo menos corazón que tú?»...

Ante esto, me inclino
y me dejo afectar por el impacto de sus palabras,
alegrándome en el alma
de tener un Dios como él.

EL ALIGERAMIENTO

Para ver la vida tal como es,
nada ayuda tanto como la realidad de la muerte...

Imagino que me hallo en mi propio funeral...
Veo mi cuerpo en el ataúd...
Percibo el olor de las flores y del incienso...
Asisto a cada detalle del rito funerario...

Mis ojos se posan brevemente
en cada uno de los asistentes al funeral...
Ahora comprendo cuán breve es el tiempo
que a ellos mismos les queda de vida...
sólo que no se dan cuenta.
Justamente ahora sus pensamientos se centran
no en su propia muerte
o en la brevedad de su vida,
sino en mí.
Hoy es mío el espectáculo
— mi último y gran espectáculo sobre la tierra,
la última vez que yo soy el centro de atención.

Escucho lo que el sacerdote dice
acerca de mí en su homilía...

Y mientras escudriño los rostros de los asistentes,
me encanta observar que me echan en falta,
que dejo un vacío en los corazones
y en las vidas de mis amigos...
También es razonable pensar
que puede haber personas, entre los asistentes,
a quienes les agrade el que yo desaparezca...

Acompaño al cortejo hasta el cementerio...
Veo al grupo de personas
que rodean silenciosas la tumba
mientras se pronuncian las últimas oraciones...
Veo cómo se hunde el ataúd en la tumba
— el último capítulo de mi vida...

Pienso lo buena que ha sido la vida,
con sus buenos y malos momentos...
sus fases de agitación y de monotonía...
sus logros y sus frustraciones...
Estoy de pie junto a la tumba,
evocando diversos capítulos de mi vida,
mientras la gente regresa
a sus hogares y a sus quehaceres,
a sus sueños y a sus preocupaciones...

Pasa un año y regreso a la tierra.
El doloroso vacío que dejé tras de mí
ha sido inexorablemente llenado:
mi recuerdo pervive en el corazón de mis amigos,
pero ahora ya piensan menos en mí.
Ahora se interesan por los escritos de otros,
se expansionan en compañía de otra gente;
otras personas se han hecho más importantes
en sus vidas.
Y así debe ser; la vida debe proseguir...

Visito el escenario de mi trabajo.
Si todavía sigue haciéndose,
algún otro es quien lo hace,
algún otro es quien toma las decisiones...

Los lugares que yo solía frecuentar
hace tan sólo un año
—tiendas, calles, restaurantes...—
siguen ahí.
Y no parece importar
que yo haya transitado esas calles,
visitado esas tiendas y tomado esos autobuses.
Nadie me echa en falta. Al menos allí.

Busco algunos efectos personales
como mi reloj, mi pluma...
y aquellas cosas que tenían para mí
un valor sentimental:
recuerdos, cartas, fotgrafías...
Los muebles que usé... mis ropas... mis libros...

Regreso de nuevo a los cincuenta años de mi muerte
y miro en torno para comprobar
si aún hay alguien
que se acuerde o hable de mí...

Pasan cien años y regreso otra vez.
A excepción de una o dos fotografías descoloridas
en un álbum o en una pared
y la inscripción de mi tumba,
poco ha quedado de mí...
Ni siquiera el recuerdo de los amigos,
Sin embargo, busco algunas huellas de mi existencia
que posiblemente hayan quedado en la tierra...

Miro en el interior de mi tumba
y encuentro un puñado de polvo
y unos trozos de huesos en mi ataúd.
Clavo mi mirada en ese polvo
y evoco mi vida:
los triunfos... las tragedias...
los anhelos y los gozos...
los afanes y los conflictos...
las ambiciones y los sueños...
los amores y las repugnancias...
que constituyeron mi existencia:
todo ello ha sido esparcido a los cuatro vientos,
absorbido en el universo...
¡Tan sólo queda un poco de polvo para indicar
que una vez mi vida tuvo lugar!

Mientras contemplo ese polvo,
es como si me quitaran de los hombros
un peso enorme: el peso que proviene
de creer que yo importo...

Luego alzo la vista y contemplo
el mundo que me rodea
— los árboles, los pájaros, la tierra,
las estrellas, la luz del sol,
el llanto de un niño,
un tren lanzado a toda velocidad,
una multitud apresurada...
la danza de la vida y del universo...
y sé que en alguna parte de todas esas cosas
quedan los restos de la persona que yo fui
y de la vida que fue mía.

LA SINFONIA

Vuelvo a meditar en la muerte,
que es lo mejor para sentir el misterio
de la vida.
Imagino el cementerio de un pueblo,
con sus hileras de árboles,
donde acaba de ser enterrado mi cuerpo...

Me siento junto a mi tumba
e imagino mi cuerpo lo más gráficamente posible...
como si pudiera tocar cada uno de sus miembros
y sentir su frialdad... y su rigidez...

Permanezco así durante un rato;
luego echo un vistazo a la naturaleza:
Está oscuro... es poco antes del amanecer.
Miro el horizonte hasta que la oscuridad
comienza a desvanecerse...

Los gallos de la aldea empiezan a cantar...
la gente se despierta
y comienzan a encenderse las luces...
El silencio del amanecer como que se intensifica
gracias a estos sonidos
de la vida que despierta.

Vuelvo a ver el interior de mi ataúd
con los ojos de la imaginación.
Mi cuerpo está azulado...
Lo recorro con la vista de arriba abajo,
cuidando de que no se me escape un detalle...

La luz del alba ilumina el horizonte.
Las nubes se tiñen de color.
La estrella de la mañana brilla sola y serena...

Escucho los sonidos de la aldea...
E imagino lo que en ella sucede...

Retorno a mi cuerpo:
Observo cómo la piel comienza a quebrarse
— el signo de la putrefacción...

Es media mañana.
Las nubes son blancas, el cielo azul,
los árboles de un verde refulgente.
La brisa provoca el rumor de las hojas...

Las voces de los niños llenan el aire
mientras recitan sus lecciones
o corretean y juegan...
Los hombres están en los campos...
las mujeres en sus cocinas...
¡El bullicio de la vida!

La descomposición parcial ha comenzado,
desfigurado mi rostro, mi pecho, mi estómago...
Tengo que hacer un esfuerzo para mirar...

Regreso apresuradamente a la naturaleza
y veo que es mediodía.
El sol se halla en su cénit.
Puedo oír el zumbido
de los moscardones y las abejas...

La aldea se sume en la calma...
es la hora de almorzar y descansar...

La descomposición se ha adueñado de todo mi cuerpo:
el pelo, la cabeza, el rostro, el pecho,
los hombros, los brazos, las manos, el estómago,
los genitales, los muslos, las piernas,
los dedos de los pies...
una informe masa de putrefacción...

La atmósfera está cargada y densa
a causa del calor...
Veo el juego de luces y sombras en el suelo...
La naturaleza parece contener su respiración
en este sofocante atardecer.

Ni un solo sonido llega de la aldea.

La descomposición es ahora prácticamente total...

Comienza a aparecer el esqueleto
a través de los jirones de carne
que aún cuelgan de él...
Recuerdo la forma del cuerpo
que una vez cubrió el esqueleto...

Se hace la noche...
Escucho los mugidos del ganado
que regresa de los pastos...
Me siento extrañamente impresionado
por el sonido de la campana de la iglesia...
y embelesado por la puesta de sol...

Las luces se encienden en la aldea.
La brisa del anochecer llena el cementerio...
Las estrellas comienzan a parpadear...

Cuando vuelvo a mirar mi cuerpo
no veo más que un esqueleto...
Clavo mi mirada en cada uno
de los desnudos y blancos huesos...

En derredor mío es de noche...
Es la hora de cenar en la aldea...
La gente se sienta en torno al fuego a charlar...
De vez en cuando el viento trae el rumor
de una discusión acalorada...

La luz de la luna se filtra entre las ramas...

En mi tumba, el esqueleto
se ha convertido en un montón de huesos,
desintegrándose.
Observo cada uno de ellos por separado...

Es medianoche...
la brisa ha amainado...
todo está en calma...
la luna señorea la noche...

En la aldea, las luces se han apagado...

Una última mirada a mi tumba...
a ese ataúd vacío que en otro tiempo contuvo
un cuerpo que parece haber huido a hurtadillas,
dejando únicamente polvo tras de sí...

Son las primeras horas de la mañana...
Los estimulantes sonidos de la naturaleza
lo invaden todo a mi alrededor...
Los árboles comienzan a vestirse de frescor...

Los habitantes de la aldea
se preparan a iniciar un nuevo día...

Oigo cantar a un pájaro sobre un árbol cercano...
Me pregunto qué es lo que canta...

Tiene un tono especial
ese canto de un pájaro en un cementerio...

Escucho el canto...
y contemplo mi cuerpo convertido en polvo...
y observo cómo a mi alrededor
prosigue la danza de la vida...

EL DESIGNIO DIVINO

Imagino que me comunican
que me quedan seis semanas de vida...
Observo con detenimiento las circunstancias:
Qué edad tengo...
y dónde...
y de qué voy a morir...

Paso el amargo trago de decir adiós a la vida...
y a cada una de las cosas que he amado...
y que he odiado...

Y lo hago por medio de un diálogo
en el que todas esas cosas
—y la propia vida—
me responden...

Observo las reacciones de determinadas personas
ante la noticia de que voy a morir...
Pienso lo que cada una de ellas va a perder
al perderme a mí...

Después de mi muerte,
me encuentro delante del Señor.
Le hablo acerca de mi vida:
las cosas que me han gustado...
y las cosas que más lamento...

Ahora oigo cómo dice Dios
que piensa hacerme regresar a la vida.
Y me deja en libertad de escoger
la forma de mi reencarnación:

¿Qué país prefiero?

¿Qué sexo?

¿Qué clase de persona querría ser?
Puedo elegir mi temperamento...
mis talentos...
mis virtudes y defectos...
las experiencias que deseo tener en mi nueva vida ...

¿A qué clase social deseo pertenecer:
a la clase rica,
a la clase media,
a la clase pobre?
¿Por qué?

¿Qué clase de padres prefiero tener?
Escojo las cualidades y defectos
que deseo que tenga cada uno de ellos...
Imagino que les digo esto a mis verdaderos padres
y observo cómo reaccionan...

¿Qué clase de infancia me gustaría tener?...
¿Cuántos hermanos?

¿Qué tipo de educación?...

¿Qué profesión decido elegir?...

Escucho ahora cómo Dios me explica
por qué escogió para mí
la vida que realmente tengo,
en cada uno de sus detalles...

LA COMEDIA

Me traslado a lo alto de una solitaria montaña
y dispongo de todo un día para mí solo.
¿Sobre qué temas...
sobre qué aspectos de mi vida...
sobre qué personas...
decido pensar,
ahora que dispongo de tiempo libre?

Lo hago durante algún tiempo
y de un modo que pueda ser provechoso...

¿Cuántos nombres puedo recordar
de personas que sobresalieron
hace dos mil... cinco mil...
diez mil años?...

Imagino escenas de la vida en la Antigua Grecia...
o en Roma... o en Egipto...
la India... China... América...
historias de amor y de guerra...
nacimientos y muertes...
dinastías y revoluciones...
ritos y supersticiones...
la vida cotidiana de la gente normal...
Y luego veo cómo el tiempo erosiona
el recuerdo de aquellas gentes
y sus culturas...

Decido ahora qué personalidades...
qué acontecimientos... de nuestros días
ocuparán un lugar en los libros de historia
dentro de diez mil años...
Y qué efecto habrá producido para entonces,
en la historia humana,
mi propia existencia...

Viajo al espacio exterior hasta que la tierra
adquiere el aspecto y las dimensiones
de una brillante pelota de tenis flotando en el espacio
y dando vueltas sobre su eje...
Me limito a contemplarla
durante el mayor tiempo posible,
porque el verla me hará bien...
Trato de descubrir las ciudades, los ríos,
los aeropuertos, las iglesias...
las guerras y las fiestas...
los amores y los odios...
sobre la superficie de ese diminuto globo.

Luego trato de verme a mí y mis realizaciones...
hasta que consigo verme a mi verdadero tamaño
y experimento el relieve que proporciona la distancia...
hasta que puedo reírme a mandíbula batiente,
porque el reírse, especialmente de uno mismo,
es la gran ventaja que ofrece la soledad.

Antes de descender de la montaña
a mi cotidiana rutina,
me pregunto: «¿Qué deseo hacer con mi existencia
aquí en la tierra?»
Y también: «¿Cómo deseo vivir hoy mi vida?»
Y abro mi entendimiento
a lo que el mismo entendimiento quiera sugerirme...

EL CICLO

En medio del desierto
se alza el templo de una religión extinguida
Examino atentamente las ruinas...
y me pongo a fantasear:

Veo la ciudad en la que se hallaba el templo...
¿Quién construyó el templo? ¿Con qué finalidad?...
Veo los planos,
al arquitecto,
a los constructores,
la cantera de donde sacaban las piedras,
las fuentes de donde procedía el dinero...
y observo los sentimientos
de los constructores y del pueblo
a medida que la construcción
va llegando a su término...

Me imagino que me encuentro allí
el día de la consagración del templo
y de la instalación del dios en él:
Me hallo en medio de la procesión,
rodeado de la música, los cánticos
y los ritos de consagración...
y observo los ojos y los corazones
de los asistentes a la ceremonia...

Un día tomo asiento dentro del templo
para observar, sin ser visto:
Llega alguien profundamente afligido.
Veo lo que acontece en su corazón
y el resultado de sus devociones...

Llega otro a meditar.
Es un buscador de Dios, de la paz
y del sentido de la existencia.
¿Qué método sigue en su búsqueda?...

Aquí llega otro que está enamorado de Dios.
¿A qué puede deberse?...
¿Cómo expresa su amor?...

Veo la interminable hilera de devotos
que acuden a pedir favores,
a buscar protección de todo género de mal...

Veo a los sacerdotes: la clase de hombres que son...
el género de vida que llevan...
sus convicciones y creencias...

Echo una última ojeada al templo
en el momento de su apogeo:
cuando la campana llama a la oración
esparciendo su sonido por los campos,
cuando se hacen numerosas ofrendas
a la deidad del templo
y los sacerdotes realizan cada día
los sagrados ritos...

Pero llega inexorablemente el día
en que se inicia la decadencia.
¿Qué es lo que ocurre?
¿Se ha convertido la gente a otra religión?
¿Acaso la peste y el hambre asolan la región
obligando a la gente a emigrar?...

Veo cómo el templo va cayendo en el abandono...
hasta que ya no hay devotos ni sacerdotes...
hasta que ya no queda ser viviente alguno
en sus alrededores...
y el sol, el viento y la lluvia
hacen estragos en el edificio...

Le hablo al ruinoso y antiguo templo...
Y mientras escucho sus palabras,
mi corazón crece en sabiduría
porque adquiere un mayor conocimiento
de la vida
y de la muerte
y de Dios
y de la historia
y de los seres humanos...

Finalmente, le pido al templo
una palabra especialmente sabia
que llevarme conmigo...

Luego me despido...
y me alejo.

LA MARCHA

Mi retiro ha llegado a su término
y pienso en los días que he pasado
por estos contornos...

Veo la imagen de mí mismo
tal como era cuando llegué aquí...
y me miro tal como soy ahora,
al término del retiro...

Pienso en las personas y lugares
que han formado parte de mi aislamiento.
A cada uno de ellos
manifiesto mi agradecimiento
y le digo adiós:
otros lugares, otras personas me llaman
y debo marchar...

Pienso en las experiencias que he tenido...
las gracias que me han sido otorgadas...
en este lugar.
También a todas ellas estoy agradecido...

Pienso en el género de vida que aquí he llevado...
el ambiente... el horario cotidiano...

De todo ello me despido:
otro tipo de vida me espera,
otras gracias, otras experiencias...

Y al despedirme de las personas,
lugares,
cosas,
acontecimientos,
experiencias
y gracias,
lo hago obedeciencio
a un inexcusable imperativo de la vida:
Si deseo estar vivo,
he de aprender a morir a cada momento,
esto es, a decir adiós, a marchar, a seguir.

Una vez hecho esto,
me vuelvo hacia el futuro
y digo: «Bienvenido».

Imagino el momento en que mañana
partiré de este lugar,
y digo: «Bienvenido».

Pienso en el trabajo que me espera...
las personas que conoceré...
el género de vida que voy a llevar...
los acontecimientos que tendrán lugar mañana...
Y extiendo mis brazos para dar la bienvenida
a los requerimientos del futuro...

EL EXTASIS

Intento mirar la vida en toda su riqueza,
tratando de quedar afectado
a más profundos niveles que los del pensamiento:

Para ello contemplo escenas contrapuestas:

El nacimiento de un niño...
la alegría y el asombro de sus padres...
la fiesta del bautizo...
Luego contemplo una muerte...
el dolor, la sensación de pérdida...
los ritos funerarios...
Paso alternativamente de una escena a otra,
observando cada detalle.

Contemplo ahora un banquete de bodas
y una sala de cancerosos.
Vuelvo a fijarme en cada detalle
mientras contemplo ambas escenas...
Paso de una escena a otra,
del banquete al hospital,
y viceversa,...
evitando toda reflexión,
contentándome únicamente con mirar...

A continuación veo un estadio deportivo
— el público... los jugadores...
los aplausos... la emoción...
Y veo también una residencia de ancianos
— una persona de edad sentada frente
a una ventana, evocando sus recuerdos...
Paso de una escena a otra,
tratando de ver lo que ocurre en los corazones
de las personas en ambas escenas:

Veo después la piscina de un hotel de lujo
— las cristalinas aguas...
las alborozadas risas...
la luminosidad del cielo soleado...

Y veo las chabolas de los pobres
— el aire fétido, el hedor...
la gente durmiendo en el suelo...
las ratas y las cucarachas...

No hago consideraciones.
Trato únicamente de meterme en la situación
de la escena que contemplo...

Veo ahora una reunión de un consejo de ministros:
los poderosos de la tierra tomando decisiones
que afectarán a las vidas de otras personas...
Y lo comparo con una cámara de tortura.

Luego retrocedo, alejándome de la tierra,
y veo todas estas y otras muchas escenas juntas...
y, aunque no puedo entenderlo,
veo cómo todo ello forma una sinfonía,
una armoniosa danza:
nacimiento y muerte,
risas y lágrimas,
placer y dolor,
virtud y vicio...
todo ello armonizando para formar un fresco
de incomparable belleza
que excede con mucho la capacidad de comprensión
de mi mente pensante...

Luego regreso al bautizo y al funeral,
al banquete nupcial y a la sala de cancerosos,
al estadio y a la residencia de ancianos...
y veo como todas estas cosas son notas
de una misma melodía...
diferentes movimientos de una sola danza...

Veo a Jesucristo y a Judas,
veo a víctimas y a perseguidores,
a los asesinos y a los crucificados:
una sola melodía formada por notas discordantes...
una sola danza hecha de diferentes pasos...

Pienso en las personas
que me resultan antipáticas y que me atacan
y las veo, a ellas y a mí, como diferentes,
aunque no opuestas...,
sino comprometidas en una misma tarea,
una misma danza,
una misma obra de arte...
Contemplo la variedad de mi propia vida,
con sus cambios de humor, sus altibajos...
y las personas que afectan a mi vida,
las malas y las buenas,
las queridas y las aborrecidas...
muchos movimientos de una sola danza
ejecutada por un solo danzante...

Por último, me pongo ante el Señor.
Le veo como al Danzante,
y veo toda esa cosa exasperante,
absurda,
estimulante,
agonizante
y esplendorosa,
que llamamos «vida»,
como su propia danza...

Y me quedo estupefacto,
sin comprender nada,
¡sumido en el asombro!

AMOR

EL SANTUARIO

Recorro el camino hasta el templo de mi corazón...
e invento una forma de culto
que resulte acorde con el día de hoy...
o con mi actual estado de ánimo...

Encerradas en el templo
están las personas que me han transformado
por medio de su amor...

Y aquellas otras a quienes
yo he cambiado mediante mi amor...

Al acabar mis devociones,
pongo mis manos en cada una de ellas
para compartir con ellas
la gracia que Dios me ha concedido en el culto...

¿A cuántas de esas personas puedo decir:
«Estoy seguro de que tu amor por mí
perdurará siempre»?

¿A cuántas puedo decir:
«Puedes tener la seguridad de que mi amor por ti
no morirá nunca»?

Escojo a una persona
de cuyo amor estoy completamente seguro.

Evoco los momentos
en los que he sentido el amor de esa persona...
los revivo en la imaginación...
me permito sentir la alegría que ocasionan...
y permanezco así el mayor tiempo posible...
porque al hacerlo me embebo en el amor
— y en la vida
y en Dios.

Ahora regreso al presente
y veo a esa persona,
viva o muerta, es lo de menos,
sentada ahí, delante de mí...
Nos tomamos de la mano...
dejo que su amor fluya dentro de mí...
e imagino que soy activado por él...

Dejo también que mi amor fluya
en el interior de esa persona...
Ambas corrientes de amor se interpenetran
y crean en torno a nosotros
una atmósfera de amor...

Y así, concluyo este ejercicio
tal como lo inicié,
en un templo
— porque amar es divino, y Dios es amor.

LA FUENTE

Trato de establecer contacto con mi sed
de felicidad...
de paz...
de amor...
de verdad...
de algo muy Superior a mí,
no sé exactamente qué.

Luego recito los siguientes textos de la Escritura
para expresar dicha sed:

El primer texto es un *grito*.
Dice así: «¡Oh Dios, tú eres mi Dios,
yo te busco,
sed de ti tiene mi alma!» *(Salmo 63, 1)*.

Mientras repito cada texto
a la manera de un mantra,
dejando que penetre en mi corazón,
centro mi atención en una palabra,
en una frase del texto
que me resulte más evocadora que las demás.

Y dejo que mi mente cree alguna imagen
o alguna escena (tal vez de mi propia historia)
que simbolice el texto
que mi corazón recita.

El segundo texto es una *invitación:*
«Si alguno tiene sed,
venga a mí
y beba» *(Jn 7, 37).*

El tercer texto es una *promesa:*
«Todo el que beba del agua que yo le dé
no tendrá sed jamás,
sino que el agua que yo le dé
se convertirá en él en fuente de agua
que brota para la vida eterna» *(Jn 4, 14).*

El último texto es el *cumplimiento:*
«Dicen el Epíritu y la Esposa: ' ¡Ven! '
Diga el que escucha: ' ¡Ven! '
Quien tenga sed, que se acerque;
y quien quiera, tome gratuitamente
agua de vida. Amén.
¡Ven, Señor Jesús! » *(Apocalipsis, 22, 17.20).*

LA DESPEDIDA

Tomo conciencia de mi cuerpo...
de las sensaciones agradables y desagradables
que en él experimento...

Pienso en cómo será mi cuerpo
cuando vaya a morir...
¿Qué sentimientos me inspirará entonces
este cuerpo que ha crecido conmigo
desde la infancia hasta la muerte...?

Finjo que estoy muriendo...
Después de despedirme de todos...
me despido de mi cuerpo,
manifestándole a cada una de sus partes
mi agradecimiento y mi amor.

Comienzo por las manos:
las miro con atención
y pienso lo que han significado para mí:

Manos parar orar:
para sostener mi rosario
y mi libro de oraciones,
para tocar con reverencia...
Manos que se unieron para pedir
y para adorar...
y para intensificar mi concentración...
¿Habría sido yo menos fervoroso
si no hubiera tenido manos con las que orar?

Manos para amar:
Pasan por mi mente innumerables recuerdos
de las veces que, gracias a mis manos,
pude exteriorizar mi amor a la gente
— acariciando... y consolando...
sosteniendo... y protegiendo...
animando... y comprendiendo...
¿Habría amado yo menos la creación
sin la ayuda de mis manos?

Manos para servir:
para lavar... y atender... y llevar cargas...
De no haber sido por estas manos,
no me habría sido posible
prestar mil formas de servicio.

Manos para la creatividad:
para cultivar el jardín... y para cocinar...
para pintar... decorar... hacer música...
Sin mis manos
¿habría sido mi vida menos alegre?
Manos para la supervivencia:
¡cuán constantemente las he usado
para comer, vestirme, lavarme y curarme...
para evitar caer, para eludir el peligro...
para alcanzar las cosas que me rodeaban
y satisfacer mis necesidades...!

Observo el papel que mis manos
han desempeñado a lo largo de mi vida...
y me lleno de agradecimiento hacia ellas.

Luego hago lo mismo con los demás sentidos,
miembros
y órganos de mi cuerpo...

LA EDUCACION

Los evangelios nos cuentan cómo Jesús
se volvió y miró a Pedro
— y cómo aquella mirada
transformó el corazón de Pedro *(Mt 26, 75)*.

Si hoy regresara Jesús al mundo,
¿qué es lo primero que miraría?...

Imagino que lo primero que atraería su atención
sería la arrolladora bondad
que hay en la humanidad.
Los buenos ven bondad por todas partes;
los malos ven maldad,
porque todos tendemos a ver en los demás
el reflejo de nosotros mismos.

Con su mirada, Jesús descubre
el amor, la rectitud y la bondad
que se oculta en todo ser humano.

Le observo cómo mira a una prostituta…
y luego la miro yo tal como él lo hace,
para descubrir lo que él ve en ella…
Le veo posar su mirada
en los rigurosos recaudadores de impuestos…
en una mujer adúltera…
en un ladrón crucificado junto a él…
¡y aprendo el arte de mirar!

Cuando Jesús mira el mal,
lo llama por su nombre
y lo condena de modo inequívoco.
Sólo que, allí donde yo veo malicia,
él ve ignorancia.
En el momento de su muerte
le veo cómo silencia su indignación
contra los fariseos;
él ve más allá de la aparente malicia de éstos:
« ¡Padre, perdónalos,
porque no saben lo que hacen! »
Me tomo mi tiempo para mirar y escuchar,
porque ello educará mi corazón…

Ahora soy yo quien se fija en el mundo.
Imagino que cada vez que me encuentro con un extraño...
o me introduzco en un grupo de personas...
veo la bondad de cada una de ellas.

Me fijo en todas las personas
con las que vivo y trabajo...
¿Cuánta bondad soy capaz de ver
en cada una de ellas?...

Me resulta imposible amar a las personas «malas»...
y a la gente que me desagrada...
a no ser que, al igual que Jesús,
sepa ver el bien en ellas.
De modo que me imagino a Jesús aquí,
junto a mí,
enseñándome a verlas de nuevo:
a ser indulgente,
a saber descubrir la ignorancia
y otras circunstancias atenuantes...

Tras de lo cual, digo a cada una de ellas
algo parecido a lo siguiente:
«Tus hechos son malos, sin duda,
pero tú eres bueno».
O bien: «Condeno el mal que estás haciendo,
pero no puedo censurarte,
porque en realidad no sabes lo que haces...»

Para concluir el ejercicio,
me expongo a mí mismo
a la amorosa mirada de Jesús...
Mientras miro a sus ojos, me maravillo
de la bondad que él detecta en mí...
Yo tiendo a culparme a mí mismo
de todo lo malo que hago
— él condena sin ambages mi pecado,
pero se niega resueltamente a condenar al pecador.

Al principio trato de eludir su amorosa mirada,
pues es demasiado misericordiosa
y, dado lo que me aborrezco a mí mismo,
no puedo soportarla...
Pero sé que debo aguantar dicha mirada
si quiero aprender a mirar a los demás
como él me mira a mí...

LA CORRIENTE

Le suplico a Dios que me emplee
como cauce de su amor y su paz...

Luego compongo un mantra
que exprese esta mi oración
— algo así como: «Hazme cauce de tu paz...»

Recito el mantra durante un rato...
acompasándolo al ritmo de mi pulso...
o de mi respiración...

Las dos cosas que más me impiden
ser cauce de la gracia de Dios
son el ruido y el pecado.

De modo que comienzo por buscar el silencio
como antídoto contra el ruido:
Acallo todo mi pensar
y todo discurso interior,
sin excluir el mantra,
tomando conciencia de mi respiración
o de las sensaciones de mi cuerpo...

Luego trato de limpiar mi corazón de pecado:
Pongo delante del Señor mis sentimientos
de resentimiento, cólera,
codicia, posesividad y envidia,
y hasta mis ligeras antipatías y enfados...
pidiéndole que limpie de todo ello mi corazón
para que su gracia fluya libremente en mí...

Una vez aliviado
de mi ruido y de mi negatividad,
imagino que brota en mí
una corriente de Amor y de Paz
que inunda todo mi ser
y sale luego de mí...

Primeramente dirijo esa corriente
hacia las personas que me son queridas...

Luego la dirijo
hacia aquellos con quienes hoy voy a encontrarme...

A continuación dejo que fluya libremente
hacia las personas que se me oponen...
o que me desagradan...
o a quienes les desagrado yo...

Por último, dejo que fluya
abundante e indiscriminadamente
hacia todas las criaturas del universo:
animales, pájaros, árboles
y cosas inanimadas.

EL SOL NACIENTE

Tomo conciencia de todos los sonidos
que me rodean...
Los sonidos ambientales, del jardín, los árboles,
esta habitación, los muebles...
y los sonidos de mi cuerpo...
y mi respiración...

Ahora, cada vez que exhalo el aire,
pronuncio el nombre de Jesús
lenta y pacíficamente...

Me imagino que, a pesar de la claridad del sol,
existe una oscuridad
en el centro de todo ser
que sólo la Gracia puede disipar:

Para eliminar la oscuridad
pronuncio el Nombre sobre cada parte de mi ser
que necesita ser sanada
(mi corazón... mi mente...
mis miembros... mis sentidos...)
Y observo cómo cada una de esas partes
adquiere brillo
y rebosa de Gracia...

Luego creo una atmósfera de Gracia
en la que vivir y moverme
y poseer mi propio ser:
Comienzo por las paredes...
y el mobiliario de mi habitación...
haciendo que todo ello irradie el Nombre
Sigo después por todas las cosas
que hoy habré de usar:
mis libros y mi pluma...
mis ropas... mis zapatos...
La casa: el comedor, con sus muebles,
sus cubiertos, sus platos...
la cocina, con todos sus utensilios...
la comida que hoy voy a ingerir...
el agua que beberé
y con la que
habré de lavarme...
el jardín... los árboles... los pájaros...
todo lleno de Gracia e iluminado por el Nombre.

A continuación pronuncio su nombre
sobre cada una de las personas
con las que hoy voy a estar...
y las veo radiantes de salud y de gracia...

Por último, recito el Nombre sobre la tierra...
y todas sus gentes...
el sol, la luna, el universo...
y toda la inmensidad del espacio...

LA UNCION

Hoy llega a su término mi retiro.
Después de hacer mis despedidas,
entro en el santuario de mi corazón
a pedir la bendición del Señor antes de partir...

Me siento a sus pies
y musito calladamente su nombre...
Observo atentamente los sentimientos
que llenan mi corazón...
y lo que realmente le digo
cuando musito su nombre...

Luego me unjo a mí mismo
y a cada una de las partes de mi ser
— alma, corazón, mente y cuerpo —
mediante la recitación de su Nombre...

Doy un repaso a los días de mi retiro
— personas, lugares, acontecimientos y cosas
que han formado parte de mi experiencia —
y murmuro con agradecimiento el Nombre
sobre cada uno de ellos:

Los lugares: mis puntos preferidos del jardín...
y de los alrededores...
Los lleno todos ellos con su gracia
para que sean bendecidas otras personas
que hayan de acudir a estos lugares.

Unjo mi habitación... y sus enseres...
llenándolos de gracia para sus futuros ocupantes.

Hago lo mismo con otros lugares de la casa:
el comedor... la cocina...
la capilla... los pasillos...
la biblioteca... las duchas...

Y también con los árboles del jardín,
para que todos cuantos busquen su sombra
obtengan también la protección divina...
Y con los pájaros,
para que sus trinos produzcan en otros
lo que han producido en mí...

Y las experiencias que me han sido concedidas
— las intuiciones, los momentos de gracia...—
también las unjo para que sean provechosas...

Y unjo igualmente a las personas
que han sido parte de mi experiencia aquí...

Examino después el futuro:
los acontecimientos que probablemente tendrán lugar...
las acciones que llevaré a cabo...
las personas con las que habré de encontrarme...
Todo ello lo santifico con la unción del Nombre,
haciendo que Este me preceda,
para que allí adonde yo vaya
resulte yo protegido, fortalecido
y vivificado...

LA BENDICION

Hoy me decido a orar por los demás.
Pero ¿cómo podré comunicarles
el don de la paz y del amor
si mi propio corazón aún no sabe amar
y yo mismo no tengo paz de espíritu?

Así pues, comienzo por mi corazón:
Pongo delante del Señor
todos mis sentimientos de resentimiento,
ira, amargura...
que pueden aún estar allí al acecho,
y pido que su gracia
le haga rendirse al amor algún día,
si es que no puede ser ahora mismo.

Luego busco la paz:
Hago una lista de las preocupaciones
que perturban mi paz de espíritu...
e imagino que las pongo en las manos de Dios
con la esperanza de que ello me alivie de la ansiedad,
al menos durante este tiempo de oración.

A continuación busco la profundidad
que el silencio proporciona,

porque la oración que brota del silencio
es poderosa y eficaz.
Así pues, escucho los sonidos que me rodean...
o me hago consciente de los sentimientos
y sensaciones que se dan en mi cuerpo...
o de los tiempos de mi respiración...

En primer lugar, oro por las personas a las que amo.
Sobre cada una de ellas pronuncio una bendición:
«Que quedes libre de todo daño y de todo mal»,
imaginando que mis palabras crean
un escudo protector de gracia en torno a ellas.

Luego paso a las personas que me desagradan
o a las que yo desagrado.
Y sobre cada una de ellas digo esta oración:
«Que tú y yo seamos amigos algún día»,
imaginando una escena futura
en la que tal cosa suceda.

Pienso en personas preocupadas a las que conozco...
personas que padecen depresión...
Y a cada una de ellas le digo:
«Que encuentres la paz y la alegría»,
imaginando que mi deseo se hace realidad.

Pienso en personas disminuidas...
personas que sufren el dolor... y digo:
«Que encuentres fuerza y valor»,
imaginando que mis palabras
desencadenan una serie de recursos
en el interior de cada una de ellas.

Pienso en personas solitarias,
personas carentes de amor...
o separadas de sus seres queridos...
y a cada una de ellas le digo:
«Que goces permanentemente de la compañía de Dios».

Pienso en personas ancianas que,
con el paso de cada uno de los días,
deben afrontar la realidad de la muerte inminente,
y a cada una de ellas le digo:
«Que te sea concedida la gracia
de abandonar gozosamente la vida».

Pienso en los jóvenes... y recito esta oración:
«Que se cumpla la promesa de vuestra juventud
y que vuestra vida sea fructífera».

Por último, digo a cada una de las personas
con las que vivo: «Que mi contacto contigo
sea una gracia para ambos».

Luego regreso a mi corazón para descansar un rato
en el silencio que en él encuentro...
y en el amoroso sentimiento
que ha nacido en mí
como consecuencia de mi oración por otros...

LA CELEBRACION

Como preparación para este ejercicio
leo a Mateo 26, 6-30
Lucas 22, 14-19
y Juan 13-17.

Imagino que le oigo a Jesús decir:
«Prepara un lugar para mí,
porque voy a cenar esta noche contigo».
Escojo un lugar...
¿A quién invito a esta desacostumbrada cena?...
¿cómo la preparamos mis amigos y yo?...

Al fin ha llegado la hora.
Contemplo la habitación, la comida,
el pan y el vino,
los amigos a los que he invitado...

Mientras presento a Jesús a mis amigos,
invento un adjetivo para cada uno de ellos.
Por ejemplo: «Este es Juan, el Fiel;
ésta es Ana, la Dulce;
éste es el Discreto José...»

Luego Jesús manifiesta una señal de amor
a cada uno de nosotros...
y la cena comienza.

A poco de empezar, Jesús parte un trozo de pan...
y va ofreciéndolo, alrededor de la mesa,
a cada uno de nosotros.
Y a cada cual le dice una frase.
¿Qué me dice a mí?

Después de comer el pan prosigue la cena.
Jesús habla con frecuencia,
a veces para responder a nuestras preguntas,
otras veces sin ser preguntado.

Habla del amor...
Es como si me hablara únicamente a mí...

Nos habla del discipulado...
y de la persecución que éste lleva consigo...
Le preguntamos qué es lo que concretamente
significa ello en nuestras vidas...

Luego sigue hablando de la paz...
Y yo me pregunto cuánta paz tengo yo...
y cuáles son los obstáculos que le pongo...

Habla de un gozo
que proviene de su misteriosa presencia
y del que nadie puede privarnos...
De modo que le preguntamos por ese gozo...
por esa «presencia»...
y evoco los momentos
en que lo he sentido en mi vida...

Sabemos que esta cena guarda relación,
de algún misterioso modo,
con su existencia y la nuestra:
con la pasión, muerte y resurrección.
Por tanto, también de esto hablamos con él...

La cena está a punto de concluir.
Jesús pronuncia unas palabras sagradas
sobre un vaso de vino
y lo ofrece a cada uno de nosotros.
También esta vez pronuncia una frase
mientras se lo ofrece a cada uno.
¿Qué me dice a mí?...

Una vez bebido el vino,
el silencio invade la estancia.
Entonces Jesús reza en voz alta
por mí y por mis amigos...
Le oigo cómo pide que permanezcamos unidos...
y que, allá donde nos hallemos,
fomentemos la unidad...

Ha llegado el momento de la despedida.
Nos quedamos de pie mientras Jesús
dirige nuestro cántico de alabanza...
Y mientras canto, saboreo en mi corazón
los sentimientos originados por esta cena
que yo he preparado para Jesús y mis amigos:

EL PEREGRINO

Medito en los sentimientos y asociaciones
que la palabra «hogar» evoca en mí...
Revivo algunos acontecimientos
relacionados con mi infancia y con mi hogar
— tiempos de alegría y libertad...
tiempos, tal vez, de miedos y de tristeza...

Imagino la clase de hogar que habría tenido
si me hubiera casado:
la clase de cónyuge que yo habría tenido...
y habría sido...
el número de hijos que habría tenido...
los nombres que habría puesto a cada uno...
el tipo de casa en que habríamos vivido...
y el ambiente que en ella se habría respirado...

A continuación pienso que el hogar
está allí donde está mi corazón.
¿Dónde está hoy mi corazón?
¿En qué persona, lugar u ocupación?
Si Dios me concediera el poder
de estar ahora mismo
en el lugar de la tierra que yo quisiera,
¿qué lugar escogería?

Imagino que acudo allí ahora
y le explico a ese mi particular «hogar»
qué es lo que me atrae hacia él...

Probablemente tengo más de un hogar.
Así pues, dialogo con cada uno de ellos
de la misma manera...

Luego regreso al hogar de mis sueños
y hablo con la esposa que nunca tendré,
y le explico por qué...
Hablo con mi hijo mayor,
que nunca conocerá la existencia
ni se acurrucará entre mis brazos,
y le explico por qué las cosas deben ser así...

Dialogo también con el hogar de mis sueños...
y soy consciente de mis sentimientos
al despedirme de él...
de mi esposa y de mis hijos...
asumiendo la responsabilidad del hecho
de que nunca habrán de existir...

Regreso después a cada uno de esos hogares
a los que mi corazón volaría si pudiera,
y veo cómo cada uno de ellos puede ser una prisión,
un enemigo de la libertad, la vida y el crecimiento,
un nido acogedor que me invita más a instalarme
que a usar mis alas y volar...

Así pues, a cada uno de ellos
le explico cariñosamente
que no puedo quedarme,
que no puedo descansar,
porque tengo promesas que cumplir...

Me veo a mí mismo, con la imaginación,
en el camino que, desde el hogar,
conduce a nuevos horizontes...
Y, para mi alegría, descubro
que el Señor está junto a mí en el camino,
mostrándome que, si deseo estar vivo y libre,
debo desprenderme de mi miedo
a caminar sin compañía;
entonces él será mi constante lugar de descanso,
porque, allí adonde yo vaya,
él estará presente
— y entonces, al fin, toda la creación
será un hogar para mí.

Llegamos, el Señor y yo, a una elevación del camino.
Me vuelvo para echar una última mirada a mi hogar,
allá lejos,
y mi corazón brinca de agradecimiento y amor
a la vista de ese nido
en el que el destino decretó que yo permaneciera
hasta que reuniera las suficientes fuerzas
para volar...

LA REUNION

Imagino que se me concede todo el día de hoy
para pasarlo en soledad en lo alto de una montaña...
y observo cuál es mi reacción ante ello...

La soledad es compañía:
es en la soledad
donde estoy en compañía conmigo mismo,
con toda la creación
y con el Ser.
Fuera de la soledad,
me encuentro disperso y fragmentado.

Así pues, en lo alto de la montaña
empiezo por mí:
Me hago afectuosamente consciente de mi cuerpo:
de su postura...
de su situación de bienestar o de incomodidad...
de su actual «estado de ánimo»...

Mi consciencia se detiene en cada parte de mí:
en cada miembro...
en cada sentido...
en cada órgano...
en mi respiración...
en el funcionamiento de mis pulmones...
de mi corazón...
mi sangre...
mi cerebro...
y en todas las demás funciones:
ver...
oír...
gustar...
oler...
tocar...
pensar...
querer...
recordar...
sentir...

Antes de bajar de la montaña,
contemplo toda la creación
y la introduzco en mi corazón:

Amo los pájaros y los animales...
los árboles... el sol...
el aire... las nubes... la hierba...
las montañas... los ríos... los mares...
y la tierra... y las estrellas... y el universo...

Amo la habitación en que vivo...
y los muebles que uso...
la cocina... y el fuego... y la comida...
Amo el agua refrescante que he de beber
y verter sobre mi rostro...
Amo el lejano tráfico...
las carreteras ...los campos... las fábricas...
los hogares... los teatros,
las tiendas y los restaurantes...

Amo a las personas con las que hoy habré de estar
y estrecho a cada una de ellas contra mi corazón...
y amo a todas las gentes de todas partes,
de cada rincón del planeta...
y a las gentes del pasado...
y a las de los siglos venideros...
porque, en la soledad, adquiero la conciencia
y la profundidad necesarias para hacerlo.

SILENCIO

EL TESORO

Recita el Nombre interiormente...

¿Qué es lo que le dices al Señor
mediante el recitado de su nombre?...

Imagina que estás débil
y que el Nombre es un tónico
que te da fuerzas...
Sientes cómo aumenta el poder del tónico
cada vez que dices el Nombre...

La oscuridad lo invade todo en torno a ti
y en tu propio interior...
y el Nombre disipa la oscuridad...
En tu interior, te tornas luminoso...
En torno a ti, es como si el Nombre
iluminara tu camino...

Imagina que el Nombre
forma un escudo a tu alrededor,
disipando todo mal
y protegiéndote de todo peligro...

LA FUSION

Desciendes a lo más profundo de tu ser
para encontrar allí un mantra, una palabra
recitada al ritmo de los latidos de tu corazón...
Es la expresión de tu anhelo y de tu amor...

Al principio lo escuchas débilmente...
pero poco a poco aumenta de volumen...

Escucha ahora la palabra
resonando en todo tu ser...
en tu corazón, en tu cabeza,
en tus miembros, en tu estómago...

No pronuncies la palabra.
Limítate a escuchar,
regocijándote al pensar
que, mientras resuena en ti,
te está plenificando...

Observa ahora cómo derriba
las barreras de tu ser
e invade el mundo que te rodea
— la tierra y el cielo
y el universo entero...

Tú eres el centro desde el cual
avanza arrolladoramente
hacia las fronteras del mundo...

Observa cómo todas las criaturas laten
al ritmo de tu corazón...
y de tu secreta palabra...
Plantas y aves y piedras
y árboles y estrellas
y el propio sol
reflejan el eco de la palabra
y, gracias a ella, se plenifican...

Fúndete ahora en la palabra...
haciéndote una sola cosa con ella...
y grítala interiormente
con todas tus fuerzas...

LA CARICIA

Toma conciencia de cada sensación
que experimentas en la superficie de tu piel...
desde la coronilla
hasta los dedos de tus pies...

No importa que no experimentes sensación alguna
en determinadas partes de tu cuerpo.
El mero hecho de intentar experimentarla
bastará para que saques fruto
de este ejercicio

Considera ahora que cada sensación
es una reacción bioquímica
que requiere el poder inmenso de Dios
para existir...

Imagina que experimentas el poder de Dios
cada vez que experimentas dichas sensaciones...

Imagina que cada sensación es un toque de Dios...
la aspereza, la suavidad, lo placentero, lo doloroso...

Imagina que ese toque de Dios es luminoso
y curativo...

EL OCEANO

Concéntrate en tu respiración...
Sé consciente del *hecho* de que aspiras...
y espiras...

Ahora concéntrate en el flujo del aire
a través de tus conductos nasales,
como lo harías si estuvieras contemplando
el flujo y reflujo de las olas...

¿En qué punto exacto de tu nariz
sientes el contacto del aire
cuando aspiras?

¿Y cuando espiras?...

¿Es mayor la cantidad de aire
que pasa por un conducto nasal
que la que pasa por el otro?

Observa la diferencia de temperatura del aire
al entrar y al salir...

Emplea ahora unas imágenes que te afecten
a niveles más profundos, más subconscientes:

Imagina que el aire que sale de tu nariz
es un río contaminado
que arrastra tus impurezas...
No centres tu atención en ningún pecado concreto,
sino únicamente en tu egoísmo
y en tu calamitosa condición en general...

Llena tus pulmones de aire lo más que puedas,
a fin de expulsar esas cosas de tu corazón
cuando exhales el aire...

Presta atención ahora a tu inhalación:
Imagina que la atmósfera está cargada
de la presencia de Dios.
Llena tus pulmones
con la vivificante y dinamizadora presencia divina...

Y mientras lo haces,
imagina que todo tu ser
se activa y se hace resplandeciente...

EL INVITADO

Cierra tus ojos.
Cúbrelos con las palmas de tus manos
al tiempo que te tapas los oídos con los pulgares.
Escucha el sonido de tu respiración
durante uno o dos minutos...

Ahora, con los ojos aún cerrados,
baja lentamente las manos hasta tu regazo.
Escucha todos los sonidos que te rodean
— tanto los fuertes como los suaves...
los distantes como los cercanos

Muchas veces observarás
que lo que en principio parece ser un solo sonido
es en realidad una combinación de muchos sonidos...

Escucha ahora todos esos sonidos,
no como entidades separadas,
sino como formando todos juntos
una gran sinfonía que llena el universo...

Escuchar los sonidos puede ser algo
tan generador de silencio
y tan provechoso para encontrar a Dios
como la contemplación de un caudaloso río.

A continuación puedes darle al ejercicio
un giro piadoso,
imaginando que le prestas tus oídos a Dios
para que éste, que no tiene oídos,
pueda escuchar la armonía
que él mismo produce en la creación.

Detente en la idea
de que Dios escucha a través de tus oídos...

Abre luego los ojos y detente en la idea
de que, con ellos, Dios contempla
la hermosura de su creación...

LA RENDICION

Comienza tratando de hacer el silencio.

Para ello, retorna a ti mismo.
Acude al presente.
Pregúntate: ¿Dónde me encuentro ahora mismo?
¿Qué estoy haciendo?
¿Qué estoy pensando?
¿Qué es lo que siento en mi cuerpo?
¿Cómo es mi respiración?

El silencio no puede producirse o buscarse directamente.
Limítate a tratar de ser consciente...
y aparecerá el silencio.

Si ahora deseas comunicarte con Dios
dentro de este silencio,
imagina que te entregas, que te abandonas,
cada vez que exhalas el aire...
— que cada exhalación
es tu forma de decir «Sí» a Dios...
Sí a lo que hoy eres
— a la clase de persona que Dios te ha hecho,
a la clase de persona que has llegado a ser...
Sí a todo tu pasado...
Sí a todo cuanto el futuro te depara...

Cada vez que exhales el aire,
hazlo sabiendo que todo irá bien...
Que cesen todas las ansiedades
y reine la paz,
porque en sus manos,
en su voluntad,
está nuestra paz...

LA LUZ

Repasa los acontecimientos del día
desde que te despertaste
hasta este mismo momento...

Comienza por lo primero: el despertar.
Míralo desde fuera, por así decirlo,
como lo haría un espectador imparcial...

Observa
no sólo el hecho externo de despertar,
sino tus reacciones internas: tus pensamientos...
y sentimientos...
y fantasías...
y estado de ánimo...

Luego pasa al siguiente acontecimiento...

Y así sucesivamente,
repasa cada uno de los momentos del día...

No te juzgues a ti mismo ni al acontecimiento.
Limítate a observar.
Sin condenar ni aprobar.
La sola luz de la conciencia
destruirá todo lo que es malo
y sacará a la vida todo lo que es bueno.

Y tu vida se hará luminosa
y transparente.

EL RESPLANDOR

Apaga las luces de tu habitación
y enciende una vela.
Colócala a cierta distancia de ti.

Centra ahora tu atención en la llama...
A veces parece danzar
y tú observas sus menores movimientos...
A veces parece inmóvil y estable...
Puede resultarte más descansado cerrar los ojos
y ver la llama en tu imaginación...

Mientras contemplas la llama,
piensa en lo que ella simboliza para ti...
Puede ser símbolo de muchas cosas...

Deja que los recuerdos del pasado
relacionados con esa llama
afloren a tu conciencia...

Entabla luego un diálogo con la llama
— acerca de la vida y la muerte,
tanto de la llama como de ti mismo,
o de la vida y la muerte en general...

Por último, deja a un lado todas las palabras,
pensamientos y recuerdos
y contempla la llama en silencio...
permitiendo que transmita a tu corazón un mensaje,
una sabiduría que escapa a la comprensión
del pensamiento consciente...

Al final, despídete de la llama
juntando tus manos e inclinándote ante ella...
Luego, apágala respetuosamente,
reconociendo agradecido
el que haya encendido en tu corazón algo
que llevarás contigo durante todo el día...

EL AMANECER

Escucha el despertar de la Naturaleza
y cómo da la bienvenida al nuevo día...

Observa cómo se mezclan en la Naturaleza
el silencio y la canción:
¡cuán variados son los cánticos de la creación,
cuán profundo es su silencio!
Ninguno de los sonidos de la Naturaleza
altera el Eterno Silencio
que envuelve al Universo.
Si escuchas esos sonidos,
algún día oirás el Silencio.

¿Qué sentimiento crees tú que expresa la Creación
al despertar,
al reemplazar con su actividad
la quietud de la noche?

Presta oídos ahora a tu corazón.
También en él hay una canción,
porque formas parte de la Naturaleza.
Si nunca has oído la canción,
es porque en realidad nunca has escuchado.
¡Escucha! ¿Qué clase de canción es?
¿Triste... alegre...
esperanzada... tierna...?

También hay silencio en tu corazón.
Si consigues ser consciente
de cada pensamiento, de cada distracción,
de cada fantasía y de cada sentimiento,
no podrás dejar de sentir ese silencio...

Observa ahora cómo la canción de tu corazón
se mezcla con la canción de la Naturaleza
que te envuelve por todas partes...

Escucha.
Cuanto más sensible sea tu escucha,
más silencioso serás tú.
Y cuanto más silencioso seas,
más sensible se hará tu escucha.

LA VENTANA

Escucha el sonido de la lluvia...

¿Qué asociaciones de ideas
tiene para ti ese sonido?...
¿Qué recuerdos?...

Observa el efecto
que la lluvia produce en los árboles
al empaparse éstos de esa bendición celestial...

Observa el efecto que produce en los pájaros...

Fíjate cómo la tierra responde
a ese agua que vivifica
el suelo reseco y polvoriento...

Contempla las hojas de los árboles...
las frescas y lozanas que se abren a la vida...
las resecas y caducas que, de no ser por la lluvia,
habrían permanecido un poco más en las ramas...

Escudriña las nubes...
de dónde vienen...
a dónde van...
Síguelas en su vuelo,
desde su punto de partida hasta su meta...

Mira las gotas de lluvia
que caen en la tierra reseca...
en los árboles...
en los tejados...
Obsérvalas en su amorfo y anónimo estado
en las nubes...
fíjate cómo adquieren forma e individualidad...
y caen luego a tierra para perderse...

Contempla las gotas de lluvia en los cristales...
primero separadas...
luego formando un pequeño reguero...
para absorber otras gotas separadas
y arrastrarlas consigo...

Observa cómo lo mismo sucede
con las nubes
y los árboles
y las hojas
y los pájaros
y los animales
y los seres humanos
y tú mismo...

También nosotros estamos aislados...
hasta que somos absorbidos
por la corriente de la vida,
que nos arrastra...

LA VISION

Siéntate a la orilla de un río,
real o imaginariamente,
y observa el fluir de las aguas...
Si eres capaz de mirar sin reflexionar,
el río le hablará no a tu cerebro,
sino a tu corazón,
creando en tu espíritu un silencio
y una sabiduría
que tu entendimiento consciente
jamás podría captar.

O siéntate en el andén de una estación
y contempla el ir y venir de las gentes...
Entran en tu campo de visión
y desaparecen para no volver a ser vistas...

O bien, observa cómo caen las hojas de un árbol...
Y fíjate cómo se descomponen
y se convierten en polvo...

Enciende una lámpara y contempla la llama
como contemplabas antes el río...
O prende una varita de incienso
y observa cómo el humo se pierde en el aire...

Puedes también acercarte a tu ventana
y contemplar la lluvia...
Observa el especial estado de ánimo
que la lluvia produce en ti...
¡No reflexiones!
Limítate a mirar, observar, sentir...

Ahora ves cómo una gota de lluvia
se queda aislada y solitaria...
Y luego es bruscamente sacudida y arrastrada...

Limítate a mirar.
Y la creación te hablará
de la vida y de la muerte...
y del amor...
y de sí misma...
y de Dios...

Por último, tiéndete de espaldas
con los brazos extendidos
e imagina que te abandonas
y eres arrastrado...
como las gotas de lluvia y las hojas
y el humo del incienso,
porque, al igual que todas estas cosas,
también tú eres una partícula del Universo.

De modo que abandónate...
piérdete...
y marcha...

EL ESPEJO

Dice el sabio chino Lao Tse:
«Deja quieta el agua turbia y se hará clara».

Este es un ejercicio para aquietar el agua
de manera que se deposite el sedimento
y puedan verse las cosas con claridad:

Hazte consciente de tu posición en la estancia...
de tu cuerpo en general...
de cada uno de sus miembros...
y de la sensación de cada uno de ellos...

Hazte consciente de todos los sonidos
que te rodean.
Evita todo tipo de pensamientos y reflexiones,
por muy santos que sean,
que guarden relación con los sonidos,
porque no harán sino agitar el agua turbia.

Observa ahora tu respiración:
la corriente de aire
entrando y saliendo...

Siéntate a la orilla de esa corriente
y obsérvala...
Observa también
la casi inapreciable pausa que se produce
antes de que el aire entre...
y la fracción de tiempo que transcurre
antes de que el aire salga de ti...

EL CENTINELA

Si se la deja estar,
el agua turbia se hace transparente
y refleja con toda claridad la luna por la noche.

Así pues, deja estar tu mente.
Interrumpe el proceso de tu pensar.
Los pensamientos no pueden detenerse de repente.
La manera de hacerlo consiste en dar a la mente
algo en lo que centrar su atención.

Concentra tu atención, pues, en tu respiración.
No trates de controlarla o profundizarla.
Tan sólo toma conciencia de ella...
Sé consciente del movimiento que produce,
por muy sutil que sea,
en tu cuerpo...
en tus pulmones...
en tu diafragma...

O sé consciente de tu inhalación...
y tu exhalación...
Para facilitar tu atención,
puedes decir interiormente:
«Ahora estoy inhalando...
ahora estoy exhalando»...

Hazte consciente de la diferencia
entre ambos movimientos respiratorios:
diferencia en cuanto a la duración...
en cuanto a la temperatura...
en cuanto a la fluidez del caudal...

No hagas reflexiones o consideraciones.
Limítate a ser consciente y a mirar,
del mismo modo que miras la corriente de un río
o el movimiento del mar
o el vuelo de un pájaro en el cielo...

Mientras observas tu respiración,
descubrirás que no hay
dos movimientos respiratorios iguales,
del mismo modo que no hay dos rostros humanos
o dos puestas de sol exactamente iguales.
Si aún no lo has descubierto,
es que tu visión es aún muy pobre.
Cuando el agua turbia se sedimente,
cada movimiento respiratorio será
visiblemente diferente y único.

Contemplar la propia respiración
puede ser tan fascinante
como contemplar un río.
Puede aquietar la mente
y suscitar sabiduría,
silencio
y sentido de lo divino.

Limítate a mirar
y se seguirá la claridad,
el agua turbia se hará transparente
y tú lograrás ver.

EL REGRESO

Comienza por volver a ti mismo,
por hacerte presente a ti mismo.

Dice San Agustín que debemos regresar a nosotros mismos,
hacer de nosotros mismos
un escalón hacia Dios.

Así pues, vuelve a casa.
Sé consciente
del lugar en el que ahora mismo estás...
de cuál es tu postura...
qué es lo que estás pensando...
sintiendo...
experimentando...

No dejes que brote un solo pensamiento
del que no seas consciente...

Ni una sola emoción,
por muy esquiva que sea...

¿Cuántas sensaciones
— sutiles, minúsculas y tenues
o crasas, abultadas y obvias —
eres capaz de percibir
en una exploración de toda la superficie de tu cuerpo
de la cabeza a los pies?

Ahora toma conciencia
de los sonidos que te rodean...
y comprueba cómo persiste
tu actividad auditiva...
cómo el «Yo» sigue oyendo...

Haz lo mismo con tu respiración...

Y con tu percepción...

No hay necesidad alguna
de pensamientos o sentimientos
ni de ningún tipo de intuiciones especiales.
Sé consciente tan sólo
de la actividad auditiva del yo...
o de la actividad perceptiva del yo...
o de la actividad respiratoria del yo...
y volverás a tu casa
— a tu propio yo —
y el yo se hará silencioso
y Dios no estará lejos.

LA LLEGADA

Comenzando por lo más alto de tu cabeza
y descendiendo progresivamente
hasta llegar a la punta del pie,
toma conciencia de cada una de las sensaciones
que se produzcan en tu piel.

Detente unos segundos tan sólo
en cada una de las partes
— el pelo, la frente, las cejas, los párpados,
las mejillas, la nariz, los labios,
el mentón, las orejas, el cuello, etc...

Si alguna parte parece no procurar sensaciones,
puedes demorarte en ella un poco más,
pero no más de medio minuto,
tras de lo cual,
hayas o no descubierto allí sensaciones,
sigue adelante.

Si llegara el día
en que fueras capaz de percibir sensaciones
en cada uno de los puntos de tu piel,
habrás de saber que entonces ha llegado el momento

de seguir aguzando tu conciencia:
busca sensaciones «más sutiles»,
la mayoría de las cuales
ni siquiera serás capaz de nombrar.

Entra entonces debajo de tu piel
y familiarízate con las sensaciones
que se dan allí,
dentro de tu cuerpo.

Cuando también hayas conseguido esto,
vuelve a realizar el anterior ejercicio
de descender progresivamente
a lo largo del cuerpo,
siendo todo el rato consciente
de las sensaciones corporales...
Pero esta vez hazlo rápidamente.
Luego ve ascendiendo
de los pies a la cabeza,
de forma que todo el ciclo
no dure más de un minuto.

Después de haber hecho esto
durante algún tiempo,
demórate en la conciencia de tu cuerpo como un todo
(no como partes distintas e independientes)
rebosante de millones de sensaciones.

Permanece en esa conciencia
durante mucho, mucho tiempo...

EL YO

Escucha los sonidos de la naturaleza...
que es el mejor modo de sentir
el estado de ánimo de la Naturaleza...

Entra en contacto con su estado de ánimo...
entra en armonía con ella...
porque ella es una extensión de ti mismo
— tu más extenso cuerpo.

Es éste un camino propiciado por los místicos
para llegar a la pérdida de sí.
Así pues, escucha...
y sintoniza...

Acércate ahora aún más a ti mismo:
hazte consciente de tu cuerpo...
y todas sus sensaciones...

Toma conciencia después de tu respiración...
del aire al pasar por tus conductos nasales...
del movimiento de tus pulmones y tu diafragma...

Hazte consciente de la atmósfera
al contacto con la superficie de tu piel...
¿Es cálida o fría...
húmeda o seca...?

Ten presente ahora que respiras
no sólo a través de tus conductos nasales,
sino a través de todos tus poros...
Agranda mil veces cada poro de tu cuerpo
e imagina su interacción con la atmósfera...
Imagina el aire entrando en ti,
penetrando en tu cuerpo...
sin que tú ofrezcas resistencia...

Y mientras observas la superficie de tu piel
cien mil veces aumentada
— las moléculas de la piel
en interacción con las moléculas de aire —
hazte esta pregunta:
«¿Soy yo las moléculas?...
¿Soy yo el aire?...
¿Soy yo ambas cosas?...
¿Quién soy yo?...
¿Quién ES yo?...
¿QUÉ es yo?...»

Pregúntatelo una y otra vez
en el contexto de esa interacción molecular...
y del estado de ánimo de la Naturaleza
que te envuelve por todas partes...

LA LIBERACION

Hazte consciente de tu cuerpo como un todo...
y de las sensaciones que experimentas
en sus diversas partes...

Dirige ahora tu atención
hacia quien ha estado observando
tanto las sensaciones como el cuerpo.

Constata que el observador, el «Yo»,
no es lo mismo que las sensaciones
que están siendo observadas.

Puedes decirte explícitamente a ti mismo:
«Yo no soy esas sensaciones...
yo no soy ese cuerpo...»

Hazte consciente ahora de tu respiración...

Vuelve ahora tu atención
hacia quien ha estado observando
la respiración.

Constata que el observador, el «Yo»,
es diferente de la respiración
que está siendo observada.

Puedes decirte explícitamente a ti mismo:
«Yo no soy la respiración.»

Hazte consciente de todos los pensamientos
que ocupan tu mente...
Es muy probable
que no tarden en desaparecer todos ellos
y que de lo único que seas consciente
sea de este pensamiento:
Ahora-mismo-no-hay-actividad-pensante-en-mi-mente.

Dirige ahora tu atención
hacia quien presta atención a esos pensamientos
o los produce...

Constata que el observador, el «Yo»,
es diferente de los pensamientos observados.
Puedes decirte explícitamente a ti mismo:
«Yo no soy los pensamientos...
yo no soy el pensar...»

Observa un sentimiento
que estés ahora experimentando
— o evoca alguno que hayas tenido antes —
especialmente si se trata de una emoción negativa
como miedo, ansiedad, ofensa,
desánimo, remordimiento...

Dirige tu atención
hacia quien ha estado observando
— o evocando —
la emoción...

Constata que el observador, el «Yo»,
es diferente del sentimiento observado.

Puedes decirte explícitamente a ti mismo:
«Yo no soy el sentimiento.»

SEMILLERO

*Si alguna de las frases siguientes te resulta estimulante, grába-
la en tu interior y medita en su significado interno. Esto hará
que germine y crezca su verdad intrínseca.*

*No trates de apresurar su maduración con tu entendimiento.
Ello no haría sino matar la semilla.*

*Siémbrala en suelo fértil. Siémbrala en tu corazón. Y dale
tiempo.*

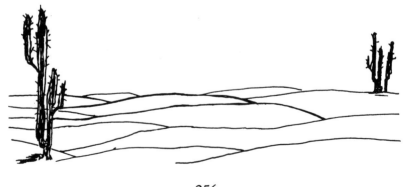

Acepta los honores
y los aplausos
y perderás
tu libertad.

El Rey

Soy realmente afortunado:
me ha sido dada
la riqueza
de un día más de vida.

El Mendicante

Jesucristo
y Judas
son movimientos
de una sola danza.

El Extasis

Si quieres ser
creativo,
aprende el arte
de perder el tiempo.

La Vacación

¿Qué peor acusación
que la de que todo el mundo
hable bien de uno
y no tener enemigos?

El Rey

El mercado
es tan buen lugar
para el silencio
como el monasterio,
pues el silencio
es la ausencia
del ego.

El Manantial

El amante
crea
a su amado.
El Maestro
a su discípulo.

El Creador

Dios ama la vida
en el fracaso
tanto como
en el éxito.

El Reino

Escucha
el cántico
que entonaron los ángeles
el día que naciste.

La Venida

LA VIDA ETERNA
ESTA
AQUI

LA VIDA ETERNA
ES
AHORA.

La Redención

La soledad
es
compañía.

La Reunión

La admiración
es
la esencia
de la Contemplación.

El Descubrimiento

No volverás a ser
el mismo
después de haber estado
expuesto
a los rigores
de la soledad.

El Desierto

Toda persona
es portadora
de pensamientos
que poseen
la virtud
de proporcionarle
paz al instante.

El Centro

Para lograr
una inmediata paz de espíritu,
regresa con la imaginación
a la tierra
dentro de mil años
a buscar
lo que queda
de tu existencia.

La Entrega

Donde
está
Jesús
han de
nacer
disensiones.

El Pionero

La aceptación
momentánea
de todo tal como es
vale más
que mil años
de piedad.

El Despertar

A pesar
de toda evidencia
en contra,
sostengo firmemente
esta verdad:
Mi vida ha sido
un don,
una bendición
para el mundo.

La Evidencia

¿Tiene
Jesucristo
fe en ti?

El Creador

Apenas puedo saber
lo que sucederá
en el futuro
—pero ya he visto
su belleza
y su significado.

La Evidencia

Es
en el silencio
donde
vuelves
a sanar.

El Manantial

¿Cuál es la última cosa
que deseas ver
antes de cerrar tus ojos
en el momento de la muerte?

El Descubrimiento

La vida
no es un problema
que haya que resolver
ni una pregunta
que haya que responder.
La vida es un misterio
que hay que contemplar,
admirar
y saborear.

La Sinfonía

Sus palabras
son
parte esencial
de la ingestión
de ese pan.

La Promesa

Párate
a pensar
adónde te llama
cuando le oyes decir:
"¡Ven!"

La Invitación

No sería yo
lo que soy ahora
si nunca
hubiera visto
la salida del sol
o la luna
o el esplendor de las flores
o los rostros de la gente.

El Descubrimiento

Cita
una experiencia
que por sí sola
justificaría
tu vida.

La Esencia

La duda
es amiga de la fe.
El enemigo
de la fe
es
el miedo.

El Creador

La Naturaleza
—tan frágil,
tan insegura,
tan expuesta a la muerte—
¡está tan viva...!

La Inseguridad

La felicidad no es mañana.
La felicidad es ahora.

La Redención

Contempla
el impacto
de una sola gota
de lluvia
y sabrás cuál es
el impacto
de tu vida
en la historia humana.

La Comedia

Unicamente vives
cuando descubres
un tesoro
por el que
estarías
dispuesto
a morir.

El Hallazgo

El cuerpo
en la cruz
es una parábola
de victoria,
no de derrota.
Suscita envidia,
no conmiseración.

El Rey

Observa
un acontecimiento
plenamente desvelado
y verás
la Historia de la Salvación.

La Biblia

No puedo
dejar de resentirme,
Amor Divino,
cuando siento
que eres tan absorbente.

El Encuentro

PARA ESTAR
VIVO
Y SER
LIBRE
DEBES DESPRENDERTE
DE TU MIEDO
A CAMINAR
SIN COMPAÑIA.

El Peregrino

La realidad
es
tu casa.
Encuéntrala
y nunca más
estarás solo.

El Peregrino

Esta es la fuente
de todo sufrimiento
humano:
considerar permanente
lo que
por esencia
es pasajero.

El Río

El hombre devoto
jamás debe temer
"luchar" con el Señor.

El Encuentro

Cristo
puede decir
de mí:
"Este
es
mi
cuerpo".

La Vasija

No llego
a ninguna parte,
porque me da miedo
caminar
solo.

El Peregrino

Soy bastante rico
si puedo escuchar
el sonido de la música,
el canto de las aves
y las voces humanas.

El Despertar

Si tu Dios
viene en tu ayuda
y te libra
de la aflicción,
es hora de que empieces
a buscar
al verdadero Dios.

El Rey

Tu belleza interior
está reservada
exclusivamente
a los ojos de Dios.

El Hallazgo

NO TIENES NECESIDAD DE CAMBIAR PARA QUE DIOS TE AME.

La Revelación

Después de haber cerrado
nuestros ojos,
decimos
que él es invisible.

La Biblia

¿Qué es
lo que él
ve en mí
para que,
a pesar de conocer
mi maldad,
afirme:
"Tú eres
de gran valor
para mí"?

La Oscuridad

Despídete
de los dorados ayeres,
o tu corazón
jamás aprenderá
a amar
el presente.

El Absoluto

Considera
las bendiciones
que tu limitación
te ha proporcionado,
y podrás apreciar
su encanto.

El Despertar

Presta
tu adoración
en el templo
del momento
presente.

El Absoluto

Agradece
tus pecados,
porque ellos son
portadores
de la Gracia.

La Buena Nueva

¡Qué agradecido
le estarías
a quien hubiera
hecho por ti
lo que tú has hecho
por Dios!

La Buena Nueva

Estás comprometido
a fondo,
inmerso hasta el cuello...
Asegúrate
de que no te ahogas.

El Río

Si aún
tienes miedo,
es que
no has oído
la Buena Nueva.

La Revolución

La soledad
acaba
con el engaño
de que
tú
y yo
somos cosas distintas.

La Reunión

No soy yo
mucho mejor
que los hombres
que asesinaron
al Salvador.

La Oscuridad

Descubre
la recóndita cueva
que hay
en tu interior
y lo descubrirás
todo.

El Centro

Eres
responsable
de las ofensas
de que has sido
víctima.

La Redención

Yo no sabía
que el sol,
la luna
y la estrella vespertina
eran las palabras
con las que él
me hablaba.
De modo que
nunca había oído
su canto,
su grito
ni su silencio cósmico.

La Biblia

Yo soy
un tesoro.

Algún día,
en algún lugar,
alguien
me descubrió.

El Hallazgo

Dios sabe
que yo
no tenía derecho
a una sola hora de vida,
a una sola hora contigo.

El Mendicante

El arrepentimiento
alcanza
su plenitud
cuando uno consigue
agradecer
sus propios pecados.

La Redención

El auténtico poder
consiste
en sentirse a gusto
con la falta de poder.

El Rey

Escucha
el canto
de tu corazón.

El Amanecer

La soledad
devuelve
el don
de la risa.

La Comedia

¿Qué canto
querrías
que tu corazón
cantara
cuando vayas a morir?

El Manantial

Cuando hayas llegado
al Silencio,
este libro
será tu enemigo.
Deshazte de él.

Las acciones
pueden ser
buenas o malas;
las personas,
sólo buenas.

La Educación

Trata
de aferrar
y no de aferrarte,
de disfrutar
y no de poseer.

El Nómada

LA SOLEDAD
ES
UN ACTO
DE AMOR,
UN FAVOR
A MI MISMO.

El Espejismo

**Dile
lo que para ti
significa
llamarle
"Señor".**

El Reconocimiento

**El Dios
que comercia con el terror
es un matón,
y doblar la rodilla
ante él
es de cobardes,
no de devotos.**

El Rey

**¿Pretendes
volver
a nacer...
y huyes
de lo desconocido?**

El Nómada

**Siente latir la Creación
al ritmo
de los latidos de tu corazón.**

La Fusión

**Atrévete
a afrontar
la realidad;
y de todo aquello
a lo que te sientas
apegado, di:
"También esto
pasará".**

El Río

¿Quién puede
reclamar el mérito
de haberte
enseñado
a amar?

¿... Jesucristo?

El Señor

**La Naturaleza es una prolongación
de mí mismo,
mi más extenso cuerpo.**

El Yo

**¿Es tu amor
a Dios
lo bastante firme
como para que puedas
enfurecerte contra él?**

El Encuentro

La victoria
es para quien
se atreve
a estar solo.

El Desierto

Haz una lista
de las revelaciones
que él
te ha hecho
en la amistad.

El Reconocimiento

En la soledad
adquiero la profundidad
necesaria
para ver
—y amar—
la creación.

La Reunión

Las personas ciegas
llegan a ver
cosas
que se les han pasado por alto
cuando poseían la vista.

El Descubrimiento

¿Cómo se puede temer
al Señor
cuando el Amor
es incondicional?

El Encuentro

¿Es
consciente
tu Dios
de que el Amor
nunca es
celoso? (1 Cor 13)

El Encuentro

Las peores atrocidades
de la historia
se han cometido
de buena fe.

La Oscuridad

La oscuridad
revela
la ardiente belleza
de la llama.
La idea de la muerte
revela
el frágil encanto
de la vida.

La Sinfonía

¿Cuántos
de los amores,
sueños
y temores
de ayer
siguen hoy
teniendo arraigo
en ti?

El Río

Otros lugares
y otras personas
me llaman...
y debo irme.

La Marcha

NADA
HA CAMBIADO,
EXCEPTO
MI ACTITUD...
POR ESO,
TODO
HA CAMBIADO.

La Iluminación

El resentimiento
se convierte
en agradecimiento
cuando consigo ver
que tu ofensa
me ha proporcionado
gracia.

La Redención

Recela
de la imagen
que te has formado
de Dios...
Esto
le agradará más
que la adoración.

El Encuentro

El Amor
no toma en cuenta
el mal (1 Cor 13).
Y Dios
es Amor.

La Buena Nueva

Cada vez
que te atreves
a morir,
te vivificas.
¡Vamos,
sigue andando,
di adiós a las cosas!

La Marcha

Si encuentras
tu descanso
en Jesucristo,
ya no volverás
a tener un momento
de descanso.

El Ofrecimiento

Evita
mirarte a ti
y habrás conseguido
evitar
la realidad.

El Desierto

Mientras tú
no dejas de correr,
yo me siento,
contemplo
y admiro.

La Corriente

En la soledad
se te devuelve
tu propio yo.

El Manantial

Dios
no puede
ser visto.
Puede
ser reconocido.

El Desconocido

LA VIDA
ES
PARA
EL QUE
SE
AVENTURA.

La Inseguridad

No sé
a lo que
me llama,
pero
reconozco.
la Voz.

La Empresa

Nadie
puede ser
agradecido
e infeliz.

El Secreto

Me da miedo
amar;
por eso
me da miedo
estar solo.

La Reunión

Ningún ser humano
puede alcanzarte
allí donde
realmente importa.

El Desierto

Te encuentras
separado
de tu propio yo
y de la realidad
por el estrépito
que llamamos
el "ego".
Cuando el "ego"
se esfuma,
recuperas de nuevo
tu ser
... y el silencio.

El Manantial

Cuando seas capaz
de entregar
libremente
tus manos
y pies
para ser clavados,
y tu corazón
para ser atravesado
y desangrado,
entonces conocerás,
al fin,
el sabor
de la vida
y la liberación.

El Rey

Estamos aislados
hasta que somos absorbidos
por la corriente
de la vida
que nos arrastra.

La Ventana

Contempla
la esencia
de la vida:

de la danza
al polvo
y de nuevo
a la danza.

La Sinfonía

Vuelves de nuevo
a sanar
en el Silencio.

El Manantial

Ven, toma mis ojos
para ver Tu propia creación,
y mis oídos para oír
las melodías
que Tú mismo compones.

La Sinfonía

La certeza
es el pecado
de los fanáticos
terroristas
y de los fariseos.
La compasión
nos hace pensar
que podemos estar
equivocados.

La Oscuridad

Mi cuerpo experimenta
su contacto de fuego ardiente
... y placentera ternura.

La Caricia

Recuerdo
con emoción
las veces
que he resistido
a su Amor
... en vano,
porque el Amor
es irresistible.

El Satélite

La Paz
sólo se encuentra
en el Sí.

La Rendición

Tu centro
es
el centro
del universo.

El Corazón

En cada palabra
que digo,
en cada acción
que realizo,
interviene Dios
en la historia humana.

La Biblia

Escucha
la Buena Nueva:
Dios
es injusto,
pues hace brillar
su sol
sobre buenos
y malos
por igual.

La Revolución

El mar
absorbe las impurezas
sin quedar corrompido.

El Océano

La soledad
restaura
la realidad.

La Vacación

Me quedo
delante de él
sin palabra,
estupefacto,
sin comprender nada.

El Extasis

El Mesías
sigue estando
presente.
¿Cuándo
lo has visto
por última vez?

El Desconocido

¿Serías
de algún modo
diferente
si Jesucristo
no hubiera
existido?

El Señor

Vuelve a casa,
y enseguida el yo
se tornará silencioso
y Dios será revelado.

El Regreso

Desciende
hasta
tus raíces
en la Naturaleza
y te encontrarás
a ti mismo.

El Manantial

El día que dejes
de cambiar
dejarás
de vivir.

La Inseguridad

LA NATURALEZA,
TAN FRAGIL,
TAN INSEGURA
TAN EXPUESTA
A LA MUERTE...
¡Y TAN VIVA!

La Inseguridad

Tú santificas
todo aquello
que eres capaz de agradecer.

La Venida

Extiende
tus brazos
para dar la bienvenida
al futuro.
¡Lo mejor
está aún por llegar!

La Marcha

Escucha
la sabiduría sin palabras
de la llama.

La Llama

Cuán variados son
los cánticos
de la Naturaleza,
cuán profundo su silencio!

El Amanecer

No renuncies a nada.
No te aferres a nada.

El Nómada

Un millar de semillas
deben perecer
para que una flor
prospere.

El Reino

Soy una
de las innumerables
partículas
de polvo
que danzan
bajo los rayos
del sol universal.

El Corazón

El conflicto
es
el camino real
hacia la unión.

El Encuentro

El misticismo es
sentir
agradecimiento
por todo.

El Despertar

Ningún mal
puede resistir
el fulgor de la conciencia.

La Luz

LIMITATE
A MIRAR

... Y
ALGUN
DIA VERAS.

El Centinela